Wolfgang Kremm

So heilt Gott Deine Finanzen

GESUND LEBEN UND HEIL SEIN Verlag

ISBN 3-934033-02-4

Satz und Layout:
Torsten Opiela
Lektorat:
Katharina Pennig

„Ich bin gekommen,
damit sie Leben haben und
es im Überfluß haben.“

Jesus Christus

Gewidmet dem Meer unendlicher Liebe,
das uns alle trägt.

INHALTSVERZEICHNIS

Vorwort

Dieses Buch ist nicht einfach eine Anleitung dafür, wie Du materiellen Reichtum erwerben kannst.

Es gibt viele Bücher über positives Denken und darauf folgenden Reichtum.

Keinem dieser bekannten Muster will dieses Buch folgen. Es ist ein Werk, welches dem ganzheitlichen Bild des Menschen folgt und den finanziellen Teil seiner Existenz aus der göttlichen Perspektive heraus beleuchtet.

Reich und glücklich oder arm und unglücklich? Oder aber reich und unglücklich oder arm und glücklich? Die Beantwortung dieser Fragenkonstellation bietet dieses Buch ebenfalls nicht an.
Nach heilen Finanzen strebt jede menschliche Existenz, sind doch Armut und Begrenzung immer eine harte Geißel und auch keineswegs der gottgewollte Zustand für das Erdenleben der Gotteskinder.

Welche Konzepte bieten sich also an, um ein Leben aus der Fülle - auch einschließlich materiellen Wohlstands - zu führen?

Zunächst mußt Du erkennen, daß Dein Lebensinhalt nicht allein die Erreichung materiellen Wohlstands sein kann. Das Leben ist weitaus mehr als materielle Absicherung und finanzielle Freiheit.

All die wesentlichen Dinge des Lebens - vor allem Gesundheit - wirst Du Dir mit Geld nicht kaufen können.

Ohne Geld kannst Du überleben, ohne Liebe stirbst Du.

Was sind heile Finanzen? Wieviel Geld muß der Mensch haben, um finanziell gesund zu sein? Braucht es ein grosses Geldvermögen, um wirklich frei zu sein von Sorge und Begrenzung? Welchen Stellenwert sollte das Geld im Leben eines Menschen einnehmen, damit es gelingt?

Erinnere Dich, Gott hatte den Menschen in ein Paradies gestellt. Garten Eden, frei von Not und Sorgen, Geld war nicht vonnöten!

Dann kam der Absturz, der Sündenfall. Der kalte menschliche Verstand, der Buchhalter im Gehirn, schwang sich über den „Herzensverstand“ des Menschen. Er wollte mehr über seine Existenz erfahren, als Gott ihm mitgeteilt hatte, und sicherlich wollte er auch wissen, ob seine Altersversorgung wirklich gewährleistet ist.

Ab diesem Zeitpunkt gibt es das Geld als Entgelt für Leistung und jede Leistung muß mit Entgelt erkauft werden. „Im Schweiße Deines Angesichts...“ d. h. durch Leistung entsteht Anspruch auf Entgelt - Dienen kommt vor Verdienen.

Diese Gesetzmäßigkeit - Dienen vor Verdienen - ist im Geldstrom angelegt. Sie stärkt den, der viel dient, und schwächt denjenigen, der wenig dient.

Wer mehr gibt, als er Dienste beansprucht, bekommt Überschuß, wer weniger gibt, als er Dienste benötigt, bekommt Mangel.

Der höchste Dienst aber ist immer ein Liebesdienst. Produktive Arbeit ist eine Form von Liebesdienst, die Schaffung von Produktionsstätten, die den Menschen mit lebensnotwendigen Gütern versorgen, ist ein hoher Liebesdienst. Das Geld folgt magnetisch dem Prinzip des Entgelts, sein Fluß ist in den Garten des menschlichen Lebens eingebettet. Es kann ein armseliges Rinnsal sein, das kaum genug Wasser für die Pflanzen und Bäume des Lebensgartens hergibt und ständig zu versiegen droht. Oder es wird zu einem reißenden Strom, der alles andere im Garten überschwemmt und in den Fluten ertrinken läßt.

Das göttliche Muster aber ist der muntere Bach, gespeist von einer gesunden und kräftigen Quelle, der den Lebensgarten ständig versorgt und zur Blüte und Pracht gedeihen läßt.

Der Lebensgarten des Menschen ist seine Seele und allein zur Schulung und Entwicklung des Seelenlebens dient dieses Erdendasein.

Dein Geldstrom sollte also den Charakter des munteren Baches haben, der Deinen Lebensgarten liebevoll zum Wachstum bringt. Er entspringt einer gesunden und nie versiegenden Quelle, Deiner Liebe - der Liebe zu Gott, zu Deinen Mitmenschen und im rechten Maße zu Dir selbst.

Zu wenig Liebe bringt den Fluß entweder zum Versiegen oder zum Anschwellen und zum Hochwasser. In beiden Fällen nimmt Deine Seele daran Schaden.

Um den munteren Bach heiler und sprudelnder Finanzen in Deinem Leben geht es also in diesem Buch.

Dieser Bach will Dir dabei helfen, die Liebe als Urgrund Deines Lebens zu erkennen und zu leben. Er will dabei nicht das Objekt Deiner Liebe sein, sondern liebevoller Diener.

> „Das Geld ist ein furchtbarer Herr, aber ein wundervoller Diener."
>
> Französisches Sprichwort

NOCH EINIGE WORTE VORAB

Beim Schreiben dieses Buches meldeten sich bei mir Gedanken, den schon vorher gewählten Titel abzuändern. „So heilt Gott Dein Leben“ erschien mir in vielen Passagen dem Inhalt nach ebenso, wenn nicht eher angemessen.
Nachdem ich mir aber bewußt machte, daß für die meisten Menschen das Gelingen ihres finanziellen Strebens mindestens die „halbe Lebensmiete“ bedeutet, habe ich mich entschlossen, den ursprünglich gewählten Titel beizubehalten.
Wer das Buch mit dem Herzen liest, wird begreifen, daß gesunde Finanzen die Folge eines gesunden Lebens sind. Somit ist die Lebensheilung auch immer eine Heilung der finanziellen Mittel.
Im schönen Kloster St. Gerold im Großen Walsertal, wo ich das Manuskript für dieses Buch schrieb, lernte ich einen netten jungen Vikar kennen, der sich für meine Arbeit interessierte. Hinsichtlich des Titels war er ein bißchen konsterniert, da ich Gott mit dem Thema Finanzen in Zusammenhang bringe. „Wissen Sie nicht, daß man nicht Gott und den Mammon gleichzeitig anbeten kann?“ fragte er mich.
Seine Frage bestätigte mich in meiner Absicht, den Titel mit den Finanzen beizubehalten. Es ist doch eine große Fehleinschätzung Gottes, wenn wir glauben, man müsse ihn aus solch profanen Dingen wie unseren Geldangelegenheiten heraushalten. Er will auch an diesem Spektrum unseres Lebens durch seine Liebe teilhaben und die Dinge zu unserem Besten lenken. Wenn Du Gott die Regie

über Dein Leben übertragen willst, kannst Du nicht zu ihm sagen:

> „Laß aber bitte die Finger von meinem Bankkonto, meinem Beruf und meinen Geschäften. Und mit meinen Sorgen will ich Dich schon gar nicht belästigen."

Verstehe dieses Buch einfach als praktische Lebensbewältigungshilfe. Kein Problem ist so groß, daß Gott es nicht lösen, kein Mangel so tief, daß Gott ihn nicht beheben könnte.

Der Schlüssel zum Reichtum

„Selig sind die Sanftmütigen, denn sie werden das Erdreich besitzen.“

Bergpredigt Jesu

Du erinnerst Dich vielleicht an die himmlischen Lehren des Mannes aus Nazareth, die aus der Perspektive des Management- und Konsumdenkens hoffnungslos naiv und weltfremd klingen und heute niemanden mehr so richtig „hinter dem Ofen hervorlocken“.

Nun mußt Du wissen, daß die Botschaften der Bibel sich nur dem offenbaren, der die Sprache des Geistes und der Seele versteht. Die Lehren von Jesus Christus hatten das Heil der Menschenseele zum Inhalt, sein körperliches Wohl war dem Seelenheil nachrangig zuzuordnen.

„Was nützte es Dir, wenn Du die ganze Welt gewinnen würdest und Deine Seele würde Schaden nehmen?“

Jetzt kannst Du vielleicht fragen, was diese Seelenheilslehre mit Deinen Finanzen zu tun hat. Ich will Dir verbindlich darauf antworten: Sie ist der Schlüssel zu Deinem Leben, Deiner Gesundheit, Deiner Ehe, Deinem Lebenslauf, Deinem Lebensglück und auch zu Deinem materiellen Status.

Wenn Du an Jesus Christus als den legitimen Sohn Gottes glaubst, so wirst Du nicht so naiv sein können, zu denken, daß der größte Menschheitslehrer ein so wichtiges Spektrum im Leben des Menschen - wie seine materielle Versorgung und seine Finanzen - einfach ausgespart hat.

Seine berühmte Bergpredigt, die er an das Volk - Hirten, Bauern, Fischer, Kaufleute - richtete, enthielt bereits in der ihm eigenen, einfachen Genialität das ganze Gesetz des materiellen Erfolgs. „Selig sind die Sanftmütigen" bedeutet in die heutige Sprache frei übersetzt auch „erfolgreich sind die Gutwilligen". Und „denn sie werden das Erdreich besitzen" kann auch übersetzt werden „denn sie haben dauerhaften, materiellen Erfolg und gesegnete Besitztümer".
Das „Erdreich" bedeutet in der heiligen Sprache der Bibel die „Materie"! Hierin liegt bereits ein ewig gültiges Gesetz zur Heilung Deiner Finanzen. Wie Du weißt, endete die berühmte Bergpredigt mit dem Wunder der Speisenvermehrung. Aus einem kleinen Korb mit Fischen und wenigen Broten wurden Tausende von Menschen gesättigt.

Das Wunder der Speisenvermehrung kann Dein Wunder werden, denn alle Geschichten der Bibel sind Deine Geschichten. Sämtliche Lehren des Gottessohnes sind Heilslehren für Dich - für Deinen Geist, Deine Seele, Deinen Körper, Dein Lebensglück und Deine finanzielle Versorgung.

Die Umsetzung dieser Gotteslehre in Dein Leben wird den Geist des Mangels für immer vertreiben und die Morgensonne der göttlichen Fülle in Deinen Finanzen wieder

aufgehen lassen. Auch wenn Dir der Zeitgeist etwas ganz anderes vermitteln will.
In der Begriffswelt des Managements ist der Ausdruck „Goodwill“ ein Synonym für den wahren Wert eines Produkts, einer Arbeit, einer Firma oder einer Geldanlage. Ohne Goodwill gibt es keinen Profit, keinen Umsatz, keine Verträge, keine Aufträge und keine Jobs.

War Jesus Christus also ein Spinner, wenn er den Menschen das Gesetz der „Goldenen Regel“ in so einfacher Form verkündete? „Selig sind die Sanftmütigen (die gutwilligen Menschen, Leute mit Goodwill), denn sie werden das Erdreich (die materiell wichtigen Dinge des Lebens) besitzen.“

Ohne Goodwill gibt es kein prosperierendes Wirtschaftsleben. Es ist noch nicht lange her, da wurden in den neuen Bundesländern alle Firmen, und damit Arbeitsplätze, die in den Augen der Gutachter kein Goodwill hatten, fallengelassen und liquidiert.

Der Niedergang der deutschen Wirtschaft in den letzten Jahren und der erschreckende Schwund von Arbeitsplätzen ist auf einen Mangel an Goodwill in den Firmen, den Interessenverbänden, der Politik und bei den Konsumenten deutscher Produkte zurückzuführen.

Die Arbeitnehmer in den Firmen betreiben psychologische Arbeitsplatzsicherung und haben dabei oft schon innerlich gekündigt (Mangel an gutem Willen). Die Unternehmer verlagern ihre Produktionskapazitäten in Billiglohnländer, ohne auf den dadurch im Inland hervorgerufenen Kaufkraftschwund durch fehlende Arbeitsplätze Rücksicht zu nehmen (Mangel an gutem Willen).

Die Konsumenten kaufen prinzipiell nur noch das billigste Angebot - inländische Qualität fällt auf diese Weise dem fehlenden guten Willen zum Opfer.

Die Managementprämisse „Profit geht vor Mensch“ ist geradezu eine Anti-Goodwill-Erklärung gegenüber dem Menschen.

Vor nicht allzu langer Zeit mußte eine Form der Volkswirtschaft mangels guten Willens gegenüber den Menschen ihren Bankrott erklären - der Kommunismus.
Die im Spätkapitalismus verhaftete sogenannte Leistungsgesellschaft hat ihren „Totalausverkauf wegen Geschäftsaufgabe“ ebenfalls schon eingeläutet. Der Konkursgrund ist im Mangel an gutem Willen bei allen Beteiligten des Wirtschaftsgeschehens zu suchen.

Ich könnte Dir die Reihe von Beispielen, wie vorhandener guter Wille Vermögen und Finanzwirtschaft des Einzelnen und von Gemeinschaften positiv beeinflußt, unendlich fortsetzen. Ebenso wie fehlender guter Wille zur Bankrotterklärung führt.

Das ganze Gesetz des finanziellen Wachstums liegt tatsächlich in den Worten des Gottessohnes, daß dem gutwilligen Menschen der Gewinn der materiellen Güter bestimmt ist.

Denk an die verpaßten Gelegenheiten in Deinem Leben. Hätten sie nicht durch ein bißchen mehr guten Willen bei allen Beteiligten gelingen können?
Hast Du nicht selbst schon oft erlebt, daß Menschen sich buchstäblich durch Mißtrauen (Mangel an gutem Willen) um den eigenen Vorteil bringen?
Die berühmte GOLDENE REGEL ist eine Weiterführung des in der Bergpredigt verkündeten Lehrsatzes, daß dem Sanftmütigen nach Gottes Willen das Erdreich gehöre. Sie wird im nächsten Kapitel für Dich neu dargestellt.

Eine wichtige Gesetzmäßigkeit für die Heilung Deiner Finanzen hast Du in diesem Kapitel schon erfahren. Beginne Deine Finanzwirtschaft dahingehend zu überdenken; denn da, wo ein guter Wille fehlt, bist Du auf der Verliererseite. Ein Mangel an gutem Willen - gegenüber dem Chef, einem Mitarbeiter, einem Kollegen, einem Kunden, einer neuen Technologie, einem Konkurrenten usw. - wird Dir immer ein Hindernis am Zuwachs Deiner Finanzen sein. Suche den Grund Deines Versagens nicht weiter am mangelnden guten Willen der anderen, sondern bringe ihnen zuerst das an Gutem entgegen, was Du von ihnen erwartest. Dann bleiben die Schleusen des Himmels über Deinen Finanzen nicht länger geschlossen und Du bist ein göttlicher Erbe des „Erdreichs“.

Die Goldene Regel

„Alles was Du willst, das Dir die Menschen tun, das tue Ihnen zuerst.“

Jesus Christus

Dieser Grundsatz ist das Fundament dauerhafter materieller Versorgung und gesicherten Wohlstands.

Er beinhaltet eine klare Anweisung für Dein Denken, Handeln und Sprechen.

Im Einzelnen kannst Du es so interpretieren:

1. Für Arbeitnehmer:
   Denk und sprich so gut über Deine Arbeit, Deinen Chef, Deine Kollegen, Deine Firma, wie Du willst, daß über Dich gesprochen und gedacht wird.

2. Für Unternehmer:
   Denk und sprich so gut über die in Deinem Betrieb arbeitenden Menschen, Deine Produkte oder Dienstleistungen und Deine Kunden, Lieferanten und Mitbewerber, wie Du Dir wünschst, daß sie über Dich denken und sprechen sollen. Bezieh in dieses Denken auch das Finanzamt mit ein.

3. Für mittelständische Berufe, z. B. Ärzte:
   Denk und sprich so gut über Deine Patienten und Kollegen, wie diese über Dich denken und sprechen sollen.

Verordne immer nur Therapien oder Arzneien, die Du auch Dir für Deine beste Gesundheit verordnen würdest. Gib nur Diagnosen ab, die auch Deine Seele sich wünscht.

4. Für Staatsdiener:
   Denk und sprich über Deinen Dienstgeber so, wie dieser über Dich denken und sprechen soll. Diene ihm so, wie Du Dir seinen Dienst an Dir vorstellst. Denke daran, daß jeder Staatsbürger ein legitimer Teilhaber Deines Dienstherrn ist und diene ihm entsprechend.

5. Für Landwirte:
   Denk und sprich über Deine Helfer, Deine Saat, Dein Vieh und Deinen Hof so gut, wie sie über Dich sprechen bzw. wie sie Dir dienen und gedeihen sollen. Deine Gedanken sind die wertvollsten Samen, die Du säst.

6. Für Handwerker:
   Denk und sprich über Deine Auftraggeber so gut, wie Du es von ihnen erwartest. Das Ergebnis Deiner positiven Gedanken und Worte wird eine gute, fachgerechte Arbeit sein , für die Du den gerechten Lohn empfängst.

7. Für Künstler:
   Denk und sprich über Deine Kunst so gut, wie die Menschen über Dich und Deine Kunst denken und sprechen sollen. Gib immer nur dem Guten Ausdruck und es wird sich durch und in Deinem Leben segenbringend auswirken.

Die Befolgung dieser einfachen, aber goldenen Regel wird nicht nur Deine Finanzen heilen. Sie ist auch das Allheilmittel der privaten und öffentlichen Haushalte, der Unternehmen, der Volks- und der Weltwirtschaft. Würde das ganze Gefäß der Weltwirtschaft von Menschen mit dem Geist der goldenen Regel gefüllt sein, wäre Garten Eden wiederhergestellt.

Dabei schafft das gegenwärtige System der Weltwirtschaft bei größtmöglichster Freiheit des Waren- und Geldaustausches eine gute Voraussetzung. Es ist daher nutzlos, nach neuen Wirtschaftssystemen Ausschau zu halten, um die bestehenden Probleme meistern zu lernen. Die Probleme sind aufgrund der Nichtbefolgung der GOLDENEN REGEL entstanden; allein ein Wandel im Geist der Menschen wird die Wende in der Wirtschaft bringen.

Das Fundament einer wahren Leistungsgesellschaft ist die Dienstbereitschaft - der gute Wille - aller am Wirtschaftsgeschehen beteiligten Menschen.

Bei den bisherigen Interpretationen der von Jesus Christus gelehrten GOLGENEN REGEL, wird auch noch das alttestamentliche Zehntgeben (führe den zehnten Teil Deines Einkommes an Gott ab) als ein Teil dieses Gesetzes dargestellt.
Die neuen charismatischen christlichen Bewegungen, besonders in den Vereinigten Staaten von Amerika, stellen das Geben des Zehnten an ihre Prediger und Evangelisten als das Fundament christlicher Finanzwirtschaft dar.
In Deutschland wird der zehnte Teil der Einkommensteuer an die Kirchen zwangsweise abgeführt.

Welchen geistigen Einfluß kann also das Zehntgeben auf Deine Finanzen haben? Kannst Du Dir dadurch eine Himmelstüre öffnen? Ist es tatsächlich ein gottgegebenes Gesetz und ein Teil der GOLDENEN REGEL?

Die Vorschrift des Zehntgebens war ein Teil der Mosaischen Gesetze, welche Gott durch Moses den Israeliten gegeben hat. Diese Gesetze waren eine Verfassung für den ganzen Hausstand und die Lebensführung der damaligen Menschen einschließlich ihrer Geldgeschäfte. Das Geld war damals das Gold und das Silber, die Basis des Geschäftslebens war der Tauschhandel. Die Mosaischen Gesetze in ihrer reinsten Form besagten, daß der Mensch den zehnten Teil seines Zuwachses als freiwillige Gabe Gott zu opfern habe. Die Opfer wurden meist als Brandopfer dargebracht.

Der mosaische Zehnt kommt in den Lehren des Neuen Testaments nicht mehr vor. Jesus Christus widmet der Praxis des Zehntgebens keine seiner Lehren. Wären sie wichtig oder vorgesehen für den Menschen, wäre diese mosaische Vorschrift in den Evangelien gewürdigt worden.

Christus aber sagt: „Selig sind die Sanftmütigen, denn sie werden das Erdreich besitzen“. Er sagt nicht: „Selig sind die Zehntgeber, denn sie werden das Erdreich besitzen“.

Also ist die These derer, die die Erreichung gesegneten Wohlstands von der treuen Hingabe von 10 % des Einkommens für Evangelisationszwecke oder andere kirchliche Dienste abhängig machen, nicht durch Jesus Christus bestätigt. Es wird zwar jede freudige und bedingungslose

Gabe für göttliche Zwecke auch göttliche Zinsen tragen, insofern auch jeder in Liebe gegebene Zehnt.
Einen gesetzlichen Zwang hierfür gibt es im Neuen Testament, welches ja das unerbittliche Gesetz der Vergeltung durch das Gesetz der Liebe und der Vergebung abgelöst hat, nicht.

Jesus Christus wendet sich sogar ausdrücklich gegen die weitere straffe Befolgung der alten Mosaischen Gesetze für seine ihm nachfolgenden Christenmenschen.

In der wundervollen Neuoffenbarung des Johannes-Evangeliums durch Jakob Lorber erfahren wir die befreienden göttlichen Worte:

> „Der größte Narr ist, welcher meine Lehre hat und sie als ewig wahr erkennt, dabei aber in all seinem Handeln stets ein alter Jochochse (ein strenger Befolger der Mosaischen Lebensgesetze) verbleibt!"

> „Darum muß von Euch alle Altdienerei ganz verschwinden, denn sie taugt nicht zur reinen Lehre aus den Himmeln."

Mit der Altdienerei ist eindeutig auch das Zehntgeben gemeint, es kann daher nicht als Bestandteil der GOLDENEN REGEL gelten.

Es hat sich offensichtlich bis heute nicht herumgesprochen, daß das christliche Liebesgesetz das Alte Testament und die Mosaischen Sittengesetze aufgehoben hat.

Keine Brandopfer, kein strafender Gott, kein Zehntgeben, keine alten Zöpfe für den l i e b e n d e n Menschen!

Die Gotteskraft im inneren Menschen, die reine Liebe ist, setzt auch die positiven wirtschaftlichen Auftriebskräfte frei, die Wohlstand für alle bewirken.

Ein wichtiger Bestandteil der GOLDENEN REGEL ist die Erkenntnis, daß „Geben seliger ist (mehr Früchte bringt) denn Nehmen".

Dieses geistige Gesetz wird sichtbar in allen Bereichen unseres äußeren Lebens. Ein Narr wäre der, welcher behauptet, daß der Samen in der Scheune des Bauern verbleiben müsse, damit er reiche Ernte einbringt.
Ein ebensolcher Narr ist aber der, welcher sein Geld ängstlich aus dem Wirtschaftskreislauf heraushält und private „Sicherheitsdepots" anlegt, um im „Ernstfall" genug Mittel für seine Bedürfnisse zu haben.

Eine Wirtschaft, bei der die Investitionen (das Geben) hinter dem Konsum zurückbleiben, ist dem Bankrott geweiht. Jede Geldanlage aber, die nicht dem Gemeinwohl, sondern nur egoistischen Einzelinteressen dient, belastet den Wohlstand aller. Jede Investition also, die ausschließlich auf den Abbau von Arbeitsplätzen ausgerichtet ist, schadet letztlich der Volkswirtschaft.
Die deutsche Volkswirtschaft zeigt deshalb R a c h i t i s - Erscheinungen, weil die Prämisse „Profit geht vor Mensch" das Wirtschaftsgeschehen bestimmt.

Diese Managementprämisse bedeutet im Klartext „Nehmen ist seliger denn Geben“ - der Samen in der Scheune ist besser als in der Erde.

Die Anwendung der GOLDENEN REGEL hat zu allen Zeiten zu wirtschaftlicher Blüte in einzelnen Unternehmen oder Volkswirtschaften geführt. Sie wird auch Deine persönliche Finanzwirtschaft heilen.

Vom Sinn des Lebens

Ist es der Sinn Deines Lebens, viel Geld zu haben?

Schaut man in die materielle Landschaft unserer Tage hinein, so scheint dies in der Tat die primäre Motivation der Menschen zu sein. Die Lehrinhalte an den Schulen berücksichtigen nur weltliche Interessen und auch die Erziehung der Kinder in den Familien ist auf Wohlstand und Konsumdenken ausgerichtet.

Die Massenmedien tragen und formen das materielle Bewußtsein immer weiter, so daß die geistigen Grundfragen des Lebens entweder stiefmütterlich behandelt oder gänzlich unbeantwortet bleiben.

Die Frage nach dem Sinn Deines Lebens mußt Du Dir aber beantwortet haben, bevor Du eine nachhaltige Heilung Deiner Finanzen erwarten kannst.

Es ist ganz sicher nicht der Sinn Deines Lebens, viel Geld und Besitz anzuhäufen. Materielle Reichtümer machen weder frei noch glücklich und gesund. Im unweisen Umgang mit materiellem Besitz liegen ernste Gefahren für die Entwicklung der Menschenseele, man denke an das Christus-Wort:

> „Eher geht ein Kamel durchs Nadelöhr, denn ein Reicher ins Himmelreich ein".

Nun könnte man hieraus schließen, daß dann wohl das Himmelreich nur den Armen offenstünde und das Reichsein von Gott nicht gerne gesehen wäre.

Vor einer solch naiven Auslegung der Bibelsprüche sei hier ausdrücklich gewarnt.

Dieses Christus-Wort sagt lediglich, daß der Reiche eher Gefahr läuft, die Nahverkehrslinie ins Himmelreich zu verpassen, als derjenige, dem Geld und Besitz nicht als das Ziel seines Lebens erscheinen.

Der Gottessohn sagt auch an anderer Stelle eindeutig, daß nicht die Höhe des materiellen Vermögens über den Erhalt der himmlischen Fahrkarte entscheidet, sondern die Einstellung zu diesem. So kann ein materiell Armer mehr an seinem kargen Besitzstand hängen, als ein Millionär. Es geht hier um die Bewußtseinsfrage, ob Geld und Besitz Ziel des Lebens sind oder die liebevolle Entwicklung des inneren Menschen. Diese führt letztlich zu einer Rückverbindung mit seiner göttlichen Quelle, dem Geist.

Verläuft die geistig-seelische Entwicklung im Einklang mit dem, was Gott für den Menschen vorgesehen hat, so wird auch die Entfaltung seiner Finanzen in der Fülle der kosmischen Liebesgesetze verlaufen und der Mensch bleibt frei von finanziellen Kümmernissen und Sorgen. Für sein Wohlergehen sorgt dann die mächtigste Bank des Universums und seine Geldströme werden nicht versiegen.

Sieht der Mensch hingegen sein materielles Wohl als vorrangiges Lebensziel an, so betet er den Mammon an und lebt in ständiger Furcht vor dem materiellen Tod und dem Verlust seiner Habseligkeiten. Selbst die Schaffung eines immensen Vermögens macht ihn nicht angstfrei und bringt ihn der Erreichung des wahren Lebensziels keinen Schritt näher.

Worin liegt nun aber der wirkliche Sinn des menschlichen Lebens?

> „Werdet vollkommen, wie Euer Vater im Himmel vollkommen ist."
>
> Jesus Christus

Die Erreichung einer göttlichen Qualität unserer Seele und die Erweckung unseres Geistes ist der wahre Sinn eines jeden Erdendaseins. Eine in Gott erwachte Seele ist frei von wirtschaftlichen Zwängen und hat sich auf die Höhe des Lebens erhoben. Alles Leben dient ihr, auch die Geldgeschäfte werden aus der Macht und Kraft des unsterblichen Menschengeistes geformt und segensreich gestaltet.

Während die an die Materie gefesselte Menschenseele den Kräften der Zersetzung ausgesetzt ist, schwingt sich der geweckte Menschengeist zur Meisterschaft des Lebens empor.

Der Schlüssel zur Erreichung der Lebensmeisterschaft ist die L i e b e. Sie steht am Anbeginn einer jeden Entwicklung. Liebe formt die Materie und setzt Geist und Seele frei.

Du kommst also nicht umhin, Dir den wahren Sinn Deines Lebens bewußt zu machen, wenn Du das Ziel nicht verfehlen willst. Nur dann wirst Du ein ganzheitliches „Geldbewußtsein“ entwickeln können, welches Dich dauerhaft von den Zwängen der Materie befreien kann.

Muß es arm und reich geben?

Es gibt eine Menge esoterischer Literatur, die glattweg behauptet, die ganze Menschheit könne im Überfluß leben, wenn sie nur die Gesetze des positiven Denkens befolgen würde.

Ganz so naiv wirst Du sicher diese Grundfrage nicht sehen, daher ist es wichtig, sich damit näher zu befassen.

Hast Du Dir die Frage nach dem Sinn des Lebens richtig beantwortet, so hast du erkannt, daß das gesamte materielle Universum - einschließlich dem Planeten Erde und auch Deinem physischen Körper - nur ein einziger Schulungsraum für Deine Seele und ihren unsterblichen Geist ist. Schulungsräume müssen Lernmöglichkeiten und Aufgaben bieten, woran die Schüler wachsen können.

Dein Leben in diesem Körper ist eine Lernaufgabe. Deine Lehrer sind die Menschen und Situationen, die Dir begegnen.

Der richtige Umgang mit dem Geld und eine gute Einstellung dazu ist eine der großen Lektionen, die Du hier erlernen kannst.
Glaubst Du, daß diese wertvolle Lernaufgabe im Leben zu bewältigen wäre, wenn alle Menschen prinzipiell und von vornherein materiell reich wären?

Jetzt rufen schon wieder eine ganze Menge Leute:

„Aber Reichtum, Wachstum und Überfluß

sind die göttlichen Prinzipien des Universums!“

Völlig richtig! Derjenige, der die Lektionen des Lebens gelernt hat, kann dies alles haben, wenn er es will.

Vergiß aber bitte nicht, daß es nur wenige schon vollkommene Menschenseelen auf diesem Planeten gibt. Die meisten stecken noch voll in ihren Lernprozessen. Und zur Prüfungsreife gehört das Studium von Armut und Reichtum, welches nur auf Mutter Erde möglich ist.

Im nächsten Jahrtausend wird die Menschheit auf breiter Ebene entdecken, daß es Menschen auf anderen Planeten und Himmelskörpern gibt, welche weder materielle Not noch Existenzkampf kennen.

Den harten Kampf ums materielle Dasein führen in der Tat nur die Bewohner dieses kleinen Planeten am Rande des Universums. Lediglich auf diesem Planeten gibt es das Prinzip der Mittelverknappung und dies hat seinen weisen, göttlichen Grund.

Wären die hier inkarnierten Seelen nicht gezwungen, einander zu dienen - und die Knappheit zwingt sie dazu - so würden sie der Trägheit und Ignoranz verfallen. Ihre Seelen würden sich mehr und mehr in der Materie verstricken und schwer werden wie ein vollgefressener Krake am Meeresgrund.
Der Arme erlernt durch die zwingende wirtschaftliche Not den Dienst am Mitmenschen, ebenso wie der Reiche nicht ohne Bedienstete auskommt und schon dadurch seine Seele und seinen Geist im Fach „Liebe“ schulen kann.

Diese Grundstruktur der Schule des gegenseitigen Dienstes wird Gott sicher noch lange Zeit auf diesem Planeten aufrechterhalten und Du selbst kannst Dich diesem Lernsystem nicht entziehen.

Verstößt Du in dieser materiellen Lebensschule gegen die Gesetze der Liebe, so wirst Du Dich selbst bestrafen!
Du hast richtig gelesen, Du strafst Dich selbst, denn Du bist stets Ursache und Wirkung gleichzeitig. Vielleicht hast Du früher einmal gelernt, daß Gott unsere guten Taten belohnt und unsere schlechten bestraft.

Hier mußt Du umdenken, denn diese Binsenweisheit entspricht weder der weltlichen Logik noch der Wahrheit des Geistes.

Gott ist Liebe! Wie kann Liebe aber strafen?

Die geistige Wahrheit ist, daß Du alle Deine materiellen Manifestationen selbst erschaffst, so hast Du auch die Lebenssituation, in der Du Dich jetzt befindest, selbst geschaffen. Sie ist ein Spiegelbild Deines Bewußtseins und Deines Lernfortschritts in dieser Inkarnation und eine Rückkoppelung früherer Verkörperungen.
Da Du alles selbst erschaffen kannst und diese schöpferische Fähigkeit in diesem Leben entwickeln und erlernen sollst, brauchst Du diese Lebensschule, um Dich zur höchsten Lebensmeisterschaft und zur Freiheit der Seele und des Geistes aufzuschwingen.

Die Lebensschule wäre aber unvollkommen, gäbe es den Gegensatz arm und reich nicht.

Die sieben Eigenschaften des Geldes

1. Geld fließt zum Geld
2. Geld hat seine eigenen Gesetze
3. Geld ist eine Vision
4. Geld kann zum Alptraum werden
5. Geld regiert die Welt
6. Geld reagiert positiv auf Liebe
7. Gott regiert das Geld

Erläuterungen zu den sieben Eigenschaften:

1. Wie jede Energie hat Geld eine magnetische Aura, welche anziehend auf Ströme der gleichen Energieform wirkt.
   Eine gewinnbringende geschäftliche Konstellation, zunächst als Idee in den Raum gestellt, wird allein schon gewisse Türen öffnen und Geldströme anziehen, die diesem Konzept zufließen wollen. Daher ist es z. B. in der Gründungsphase eines Objekts nicht ratsam, die Zielsetzung oder tragende Idee mit Geldsorgen zu belasten, da der Sog der guten Geschäftsidee die entsprechenden Kanäle ohnehin öffnen wird.
   Deshalb sei jedem Geschäftsgründer oder Projektführer zunächst empfohlen, seine allererste Idee soweit aus-

zuarbeiten, bis sie greifbare Konturen bekommt. Das mit dem Projekt verbundene Risiko soll klar umrissen werden und mit der Darstellung muß die Entscheidung fallen, das Wagnis einzugehen. Geld strömt dem Wagnis zu und wer nicht wagt, der nicht gewinnt!

Das gleiche gilt für Geldanlagen, ein geringes Wagnis bringt einen geringen Zuwachs, oft nur einen Inflationsausgleich.

2. Geld will ordentlich behandelt sein. Wem es zufließt, der sollte damit umgehen und es verwalten können. Bücher, Bilanzen und Budgets dürfen dem Geldempfänger nicht lästig sein, denn eine unverwechselbare Eigenschaft des Geldes ist sein Bedürfnis nach Buchhaltung. Dies gilt im großen wie im kleinen, betrifft den Profi wie den Amateur gleichermaßen. Geld fordert die Notwendigkeit des Erkennens signifikanter Größen. Dies bedeutet im Klartext:

   Eine Schuldenlast von DM 2.000.000.000.000

   übersteigt leicht das Vorstellungsvermögen eines Bundesbürgers, sie entspricht aber in etwa dem Schuldenberg, der auf der Bundesregierung lastet.

   Ist sie nicht unerträglich hoch? Müßten die Politiker für eine solch astronomische Verschuldung ins Gefängnis geworfen werden?

   Um diese Frage beantworten zu können, müßte man dem Schuldenberg die Höhe des Vermögens nüchtern

gegenüberstellen und errechnen, ob das Einkommen ausreicht, um die laufenden Zinsen bei gleichzeitiger Tilgung der Schulden bezahlen zu können. Wäre dies so, dann könnte man nicht von zu hohen Schulden sprechen, denn ihre signifikante Größe entspräche durchaus dem Vermögen des Schuldners trotz ihres astronomischen Ausmaßes.
Im Falle der Bundesregierung scheint letzteres nicht zutreffend zu sein, da mit jeder neuen Budgetierung (Bundeshaushaltsplan) eine Neuverschuldung des Bundes verkündet wird. Der Schuldner versteht also nicht, seine Geldströme den signifikanten Zahlen anzupassen und gerät dadurch ständig weiter in einen negativen Geldsog, da die Schuldenlast offensichtlich zu hoch ist.

Ein Unternehmer mit einer Gesamtverschuldung von

DM 200.000

ist dagegen ausgesprochen solvent, wenn er

DM 20.000.000

Jahresumsatz macht und sein Betriebsvermögen an Inventar, Warenlager und Produktivmittel

DM 900.000

beträgt.

Eine Bankschuld von

DM 20.000

dagegen bedeutet für einen Arbeitslosen, dessen Einkünfte gerade das Existenzminimum decken, eine fast unlösbare Überlastung, die zum Zusammenbruch seiner bürgerlichen Existenz führen kann.

Da, wo das Geld hinfließt, stellt sich die Frage nach dieser signifikanten Größe.

Wer das Geld beherrschen will, muß sich ständig die Frage nach seiner persönlichen signifikanten Geldgröße stellen und beantworten können. Wer es nicht entsprechend verwalten kann, der wird bald zum Knecht des Geldes.

3. Geld hat eine enorme Visionskraft und damit Macht über das menschliche Unterbewußtsein. Visionen drängen in die physische Manifestation, dies lehrt uns die Bibel ebenso, wie es die Erkenntnisse der Tiefenpsychologie bestätigen. Wer seine Seele dem Teufel verkauft, ist in der Hand des Teufels; wer seine Seele dem Geld verkauft, für den wird es zum Teufel.
   Geld verändert den Charakter eines Menschen. Die Visionen der Dollar- und DM-Scheine fallen wie Blätter vom Baum des Lebens auf seine Seele und verdecken das Licht des Geistes mehr und mehr. Bald wird es dann Herbst und Winter in der Seele und sie beginnt zu frieren.

Anders ist es, wenn der Mensch die guten Möglichkeiten, die ihm der Geldstrom zur Erfüllung seiner Lebensaufgabe anbietet, als Vision annimmt.

Ein Mensch, der sich viel Geld wünscht, um damit z.B. karitative Aufgaben erfüllen zu können, wird niemals in die Knechtschaft des Geldes geraten, weil es nur Mittel zum Zweck eines guten Lebensziels bleibt und damit seine negative Eigendynamik nicht entfalten kann.

4. Geld wird zum Alptraum, wenn die Seele des Menschen der negativen Visionskraft, dem Mammon, verfallen ist. Ganz gleich, ob sich das Geldvermögen der verfallenen Seele vermehrt oder abnimmt, ob viel oder wenig da ist, immer wird es zum Schrecken.

Es gib zahlreiche Menschen, die, obwohl sie reich an Geld sind, diesen Alptraum kennen. Sie gehen einsam durchs Leben, weil sie das Gefühl haben, alle Menschen, die sich ihnen nähern, haben es nur auf ihr Geld abgesehen.

Menschen hingegen, die dem Mammon verfallen sind, aber unter Mangel leiden, stehen potentiell dem Verbrechertum nahe, denn ihr Leidensdruck ist groß.

Über 90 % der Gefängnisinsassen stehen unter der Knechtschaft des Mammons.
Geldverbrechen und -delikte sind das Thema Nr. 1 der Justiz.

Negative Geldvisionen sind in Wahrheit der häufigste Ehescheidungsgrund. Sie zerstören nicht nur die Familien, sie können den Charakter ganzer Völker und Nationen verändern und zu deren Alptraum werden.

Aus dem deutschen Volk der „Dichter und Denker" ist heute das Volk der „Feilscher und Händler" geworden, entsprechend abschreckend ist seine kulturelle Szene und die Berichterstattung in den Medien.

5. Geld regiert die Welt überall auf diesem Planeten. Ganz gleich ob Du nach Kalkutta, Hongkong oder Kleinkleckersdorf schaust, überall triffst Du auf eine mehr oder minder funktionierende Geldwirtschaft, bestehend aus Banken, Wechselstuben und Gelderwerbsinstituten (Betriebe, Behörden, Finanzämter).

   Sie wirtschaften alle so, als ob das Geld eine Gottheit wäre.

   Betrachte Dir einmal die Menschen in den Schalterhallen der Banken, sie treten auf wie gesteuerte Marionetten. Das Heiligtum oder der Altar sind die Schalter, sie sind nur den Priestern des Geldes zugänglich und selbst die Bankbeamten betreten sie nur mit allergrößter Ehrfurcht.

   Die Bankkunden geben meist bereits mit dem Betreten des Schalterraumes zu erkennen, welch heilige Handlung sie hier vornehmen wollen, indem sie bereits auf dem Weg zum Schalter oder in der Warteschlange das abgezählte Geld oder ihre Scheckkarte herausholen und in der Hand halten.

Kunstausstellungen oder andere Aktionen in den Schalterräumen werden kaum beachtet und bleiben meistens ohne geschäftlichen Erfolg.

Wenn Du sehen willst, wie das Geld die „Weltmenschen“ regiert, dann schau Dich einmal in den Schalterhallen der Banken um.

Geld beherrscht das Leben der von der Materie Abhängigen - und das sind derzeit die meisten Menschen - von der Geburt bis zum sogenannten Tod.

Geld regiert auch die Wirtschaft und die Politik.

Es entfaltet dort die gleichen positiven und negativen Eigenschaften wie im Einzelschicksal des Menschen.

6. Geld reagiert positiv auf Liebe. Liebe ist das Wachstumsprinzip des Universums. Sie erschafft ständig neues Leben in allen geschöpflichen Erscheinungen.

   Alles, was zum Wachstum beiträgt, strahlt positiven Magnetismus aus, der auch von der „Seele“ des Geldes so empfunden wird.

   Nun wirst Du vielleicht sagen, Geld habe doch gar keine Seele.

Eine unsterbliche, göttliche Seele hat das Geld natürlich nicht, aber einen universalen Seelenkörper, der aus den Energien entstanden ist, die den Geldfluß steuern. Diese Energien sind die Summe aller menschlichen Gedanken und Gefühle seit der Erschaffung des Geldes.

Da es sich dabei um menschliche Gedanken und Gefühle handelt, drückt sich die Liebe als höchste Energie im Menschen als starker Sog im Geldstrom aus - die Universalseele des Geldes will positiv reagieren.

Gibst Du also z. B. mit freudigem Herzen und aus reiner Nächstenliebe eine Spende für einen wohltätigen Zweck, so wird diese tätige Liebe in der Universalseele des Geldes eine Schleuse öffnen und ein mehrfaches von dem, was Du gegeben hast, wird als glückliche Fügung in Deinen Geldstrom zurückfließen.

Geld läßt sich tatsächlich nicht verschenken, es ist ein Energiefluß und kann nicht ohne Ergebnis bleiben. Auf jede Geldbewegung muß eine Manifestation erfolgen. Wenn Du es also in Liebe verschenkst, muß sich das Universum über die Universalseele des Geldes bei Dir bedanken.
Gleiches gilt für das Geldgeschenk, welches Du empfängst. Es ist niemals wirklich geschenkt, Du sollst es dankbar annehmen und daraus etwas Gutes für Dich und das Leben anderer machen. Verfällst Du in Undankbarkeit gegenüber Deinem Wohltäter und gehst Du lieblos mit dem geschenkten Geld um, reagiert die Universalseele des Geldes negativ und es wird Dir künftig zum Alptraum werden.

Einen Beweis für diese Negativreaktion der Geld-Universalseele ist das Schicksal der vielen Lotto- und Lotterie-Gewinner, die ihr Geld verjubeln und nach kurzer Zeit finanziell ärmer sind als zuvor. Sie haben es versäumt, sich für die reichliche Liebesgabe entsprechend zu bedanken.

Eine Garantie für den Erhalt und die Vermehrung des geschenkten Vermögens wäre eine Danksagung an den Schöpfer allen Lebens, z. B. in Form von einer Spende in Höhe von zehn Prozent des Gewinns zugunsten hungernder Kinder in der Welt.

7. Gott regiert das Geld, weil er einfach überall regiert und in allem und durch alles wirkt. Auch die Universalseele des Geldes will von ihm erleuchtet und erlöst werden.

Nun ist es in der Tat keineswegs so, daß nur gottnahe Menschenseelen im Besitz der größten Geldvermögen sind, eher scheint das Gegenteil der Fall zu sein. Das geistige Gesetz, wonach Gott niemals in den freien Willen des Menschen eingreifen wird, gilt selbstverständlich auch für seinen Umgang mit dem Geld. Der Mensch kann durch direkten Einfluß auf den Geldstrom durchaus auch mit lieblosen Taten kurzfristig ein Vermögen anhäufen. Der Krug geht jedoch nur solange zu Wasser, bis er zerbricht.
Die göttlichen Geldmühlen mahlen langsam, aber sicher und der Gottlose wird den Tag erleben, an dem sein Geld gnadenlos zerrieben wird. Oder seine Seele

wird abberufen, wenn das Maß voll ist, und er wird dann in einem dunklen Land des Mangels leben.

Wenn aber der Mensch einen Teil seines erarbeiteten Geldes bedingungslos Gott als Liebesgabe zur Verfügung stellt, wird sich das Universum jubelnd bei ihm bedanken und sein Geldsegen wird sich vermehren.

Alles kehrt zum Aussender zurück. Das Geld und seine Gesetze wurden vom Menschen erschaffen, dessen höchste geistige Instanz aber ist der göttliche Geist, das hohe Selbst. Somit regiert die höchste geistige Instanz auch das Geld und kein Geldschein oder Bankguthaben kann sich letztlich dieser Instanz entziehen.

> „Die guten Taten, die Du anderen erwiesen,
> die vergiß; wer jedoch Dir Gutes getan, dem
> sei Dein Dank gewiß."

Ursachen, die den gesunden Geldfluß von dir fernhalten

Keine Ursache ohne Wirkung. Falls Du einige der nachfolgenden Verhaltensmuster in Dir erkennst, so ändere sie zum Wohle Deiner Finanzen.

Lieblosigkeit
Falsche Lebenszielsetzung
Unentschlossenheit.
Falscher Glaube
Materielles Anhaften
Festhalten an der Vergangenheit
Flucht in die Zukunft
Zerrüttete Familienverhältnisse
Rechthaberei und Prozeßlust
Arbeitsverweigerung
Mangelnde Ausdauer
Falsches Denken
Falsches Reden
Materielle Begierden
Traditionsbewußtsein
Wortbrüchigkeit
Falsche Liebe zum Geld
Kein Erbarmen mit den Armen
Offene und verborgene Leidenschaften
Schlechte Zahlungsmoral

Vielleicht erkennst Du noch nicht gleich eine Deiner Wohlstandsbremsen. Ich gebe Dir im einzelnen Beispiele und Bibelzitate, die das Licht des Geistes auf diese Ursachen werfen.

LIEBLOSIGKEIT

Hier wirst Du gleich einwenden, daß nach Deiner Erfahrung eher der Lieblose das Geld der Welt erringt, als der Herzensmensch. Ich gebe Dir insoweit recht, daß Liebe für gewisse Geldinstitutionen und Materiemenschen wohl ein sehr exotischer Begriff ist und gerade die Lieblosigkeit das Unternehmenskonzept prägt. Dabei handelt es sich durchaus nicht um erfolglose Geschäftsleute oder Unternehmen, sofern die reine Finanzwirtschaft betroffen ist.

Erinnere Dich, dieses Buch ist nicht für den Bankier geschrieben, dessen Gott das Geld ist. Dieser strebt auch nicht nach „heilen Finanzen" sondern nach „maximaler Vermehrung" seines Geldes (Gewinnmaximierung). Seine geistig-seelische Entwicklung bleibt dabei auf der Strecke. Nach einem öden und verpfuschten Erdenleben muß er sich aus der Geistigen Welt heraus ansehen, wie „sein Geld", welches er über alles liebt, unter seinen Erben verteilt und verbraucht wird. Du kannst sicher sein, daß er dabei Höllenqualen erleidet, denn seine Seele fühlt sich dabei so elend, als würde er bei lebendigem Leibe seziert.

Selbstverständlich sind nicht alle Bankiers so erdgebunden. Derjenige, der in diesem Erdenleben ein großes Vermögen erringt, aber wenig davon für sich selbst beansprucht und viel für andere tut, wächst gewaltig in seinem Geiste, was sicher auch einem Bankier möglich ist.

Göttlicher Wohlstand und heile Finanzen sind nur dem beschieden, der die Liebe lebt. Du erinnerst Dich vielleicht an das Liebesgesetz des Christentums:

„Liebe Gott über alles und Deinen Nächsten
wie Dich selbst".

Ein drastisches Beispiel dafür, wie Lieblosigkeit zum Verlust eines großes Vermögens führte, habe ich selbst in meiner Familie erlebt.

Mein Urgroßvater war ein äußerst begüterter Mann, der viel Grundbesitz, Produktionsbetriebe und Liegenschaften besaß. Mit zunehmendem Alter fraß ihn der Geiz buchstäblich auf. An einer schweren Gicht leidend (seelischer Hintergrund von Gichtleiden ist im allgemeinen Geldgier), verschanzte er sich in einem kleinen Zimmer und begann damit, sein ganzes Produktivitätsvermögen und seinen Grundbesitz in Geld zu verwandeln. Da er den Banken nicht traute, mußte das Bargeld in einer Truhe unter seinem Bett aufbewahrt werden und es wurde täglich eine Kassenbestandsaufnahme gemacht. Zutritt zu seinem spärlich eingerichteten Zimmer hatte nur seine Frau, die sich sogar ihr Essen vom Munde absparen mußte, da ihr Mann dafür kein Geld ausgeben wollte. Kinder, Enkelkinder und andere Familienangehörige durften das Zimmer nicht betreten und wurden als potentielle Diebe verdächtigt und beschimpft.
Ein beträchtliches Vermögen an Reichsmark hatte sich unter dem Bett angesammelt, als alle Grundwerte veräussert waren. Die Freude an diesem Schatz dauerte nicht lange, denn die Inflation schlug in Deutschland gnadenlos zu und mein Urgroßvater war über Nacht einer von vielen „Geldmillionären". Er überlebte dieses Desaster nicht, sein verpfuschtes Leben endete qualvoll und für die Nach-

kommen war ein Haufen wertloser Millionen-Reichsmarkscheine übriggeblieben, mit denen die Kinder „Kaufladen“ spielten.

> „Sammelt nicht irdische Schätze, an denen der Rost frißt, sondern sammelt Schätze im Himmel.“
>
> Jesus Christus

Falsche Lebenszielsetzung

Wenn Du den Sinn Deines Lebens nicht erkannt hast und Dich auf ein falsches Ziel hinbewegst, mußt Du in Kauf nehmen, daß die Schicksalskräfte an Dir arbeiten.

Ganz sicher kann es nicht das richtige Ziel Deiner seelischen und geistigen Entwicklung sein, einfach nur Geld und Vermögensdepots zu errichten. Was fängst Du mit großen Reichtümern an, wenn Du innerlich arm geblieben bist und die wundervollen Chancen dieses Lebens verpaßt hast?

Ein Versicherungsagent erzählte mir kürzlich von einem merkwürdigen Phänomen. Seine Aufgabe ist es nicht nur, Lebensversicherungsverträge abzuschließen, sondern auch die Versicherungssummen bei Fälligkeit per Scheck an die Versicherungsnehmer auszubezahlen. Sehr oft höre er dabei dann die Bemerkung: „Jetzt kann ich auch nichts mehr damit anfangen, legen Sie es für mich an". Stell Dir vor, da spart ein Mensch über dreißig Jahre ein Lebensversicherungsvermögen an und schränkt sich dadurch möglicherweise während der besten Jahre seines Lebens finanziell ein. Nun erhält er als Rentner eine stolze sechsstellige Summe überreicht und kann sich nicht freuen, ja erklärt sogar, daß er jetzt nichts mehr damit anfangen kann. Klar auch, denn er hat ja überhaupt nicht gelernt, in jungen Jahren mit Geld richtig umzugehen. Er hat einfach ein großes Depot gebildet, das er jetzt, alt und grau geworden, gar nicht mehr richtig nutzen und genießen kann.

Seine Finanzen haben ihm kein Heil gebracht, denn er hat an seinen Lebensmöglichkeiten vorbeigelebt und eine vermeintliche materielle Sicherheit für seinen Lebensabend über die Erreichung der Krone eines erfüllten Lebens gestellt.
Noch unheilvoller geht das Schicksal oft mit Menschen um, deren einziger Lebensinhalt Geld und Vermögen sind. Schlägt bei solchen Menschen das Schicksal in Form von sogenannten unheilbaren Krankheiten zu, dann haben sie die Chance, zu erkennen, daß alles Geld der Welt das höchste Gut des Menschen, nämlich die Gesundheit, nicht aufwiegen kann. Dies führt oft zu einer Umbesinnung der Seelen und zur Erkenntnis der wahren Lebenswerte. Geschieht dies, dann ist auch schon die Krankheit geheilt, weil Gott alles Übel der Welt nur zur Umerziehung der Menschenseele zugelassen hat. Sobald das Übel seinen Zweck erfüllt hat, kann es dem Menschen durch Gott genommen werden.
Schlimmer aber ist es, wenn ein Mensch in der Materie erstarrt und in diesem Leben keine Umkehr mehr stattfindet. Er kann sich dann schon jetzt nicht mehr über das zusammengeraffte Vermögen freuen, weil er immer allen anderen, die ein wenig mehr haben, neidisch zuschaut und sich ärmer vorkommt als Lazarus.
Nach ihrem Übergang in das geistige Reich darf die Seele dann zunächst beobachten, wie das angehäufte Vermögen unter den zerstrittenen Erben zerrieben wird und stirbt dabei viele kleine Tode.
Falls sie wieder die Gelegenheit einer Reinkarnation auf diesem Planeten bekommt, so wird sie sicher an einem Ort wie den Slums von Kalkutta landen, um dann Nächstenliebe aus einer anderen Perspektive zu erlernen.

Jetzt höre ich schon wieder die Einwände einiger esoterisch Gebildeter:

> „Aber man bekommt doch immer wieder die Chance zu einer Wiedergeburt.“

Richtig! Aber nicht immer wieder auf diesem Planeten. Es gibt schließlich auch noch in der geistigen Welt Schulen für die unvollkommenen Gotteskinder. Das Reinkarnationsrad dreht sich längst nicht sooft, wie es die meisten fernöstlich orientierten Esoteriker glauben mögen.

Also, eine falsche Lebenszielsetzung, die nur bedeutet, möglichst viel Geld anzuhäufen, l o h n t s i c h n i c h t und wird vom Leben bestraft.

> „Wer sein Haus auf den Mammon (in der heutigen Sprache Geld und Erfolg) setzt, hat auf Sand gebaut. Wer sein Haus auf Mich (Gott, der die Liebe ist) baut, der hat auf Fels gebaut.“
>
> Frei nach der Bibel

Unentschlossenheit

„Ein solcher Mensch denke nicht, daß er etwas vom Herrn empfangen werde."

„Ein Mann mit geteilter Meinung ist unbeständig in allen seinen Wegen."

Bibelsprüche

Wenn Du in allen Dingen des Lebens die Ansicht vertrittst, es sei am besten, gar keine konkrete Meinung zu haben, so wirst Du schwerlich einen segensreichen Geldstrom auf Dich ziehen.

Dies ist schon deshalb so, weil Du erst gar keine Entscheidung getroffen hast, ob Du arm oder reich sein willst. Ob Du glücklich oder unglücklich sein willst, weißt Du dann vermutlich auch nicht.

Wie soll also Gott seinen Reichtum in Dein Leben gießen, wenn Du nicht weißt, was Du wirklich willst.

Stell Dir vor, Du hast ein Kind, welches niemals weiß, ob es Deine Gaben auch wirklich haben will. Würdest Du es weiterhin mit allem möglichen ausstatten, entgegen seinem wankelmütigen Willen, ob es von Dir etwas annehmen will oder nicht? Sicher würdest Du ihm sagen, es möge erst einmal eine Entscheidung treffen, bevor Du ihm weitere Geschenke zukommen läßt.

Genauso verhält es sich mit den göttlichen Gaben. Du mußt schon entschieden Dein Erbe von Gott fordern und auch wissen, worum es sich dabei handelt. Andernfalls läufst Du neben Deiner eigenen Mütze her und verpaßt so ziemlich alle guten Gelegenheiten des Lebens.

Die Chancen, die Gott Dir bietet, sind vielfältig. Es können wundervolle Ideen, schicksalhafte Fügungen oder günstige geschäftliche und berufliche Gelegenheiten sein.

Aber immer mußt Du sie mit Entschiedenheit ergreifen und entschlossen in die Tat umsetzen.

Ich habe im Laufe meines Lebens viele Menschen kennengelernt, die sich das Leben mit der Negativ-Affirmation:

> „Ich kann mich einfach nicht entscheiden“,

verbauen und sich damit ständig auf der Verliererstraße des Lebens befinden.

Möglicherweise macht es diesen Menschen Angst, daß jede Entscheidung auch ein Opfer verlangt. Sie verhalten sich wie eine Frau, die sich nicht zwischen zwei Bewerbern entscheiden kann und dadurch beide verliert.

Leben bedeutet Wachstum und Wachstum ist mit Entscheidung verbunden. Wer sich nicht entschließen kann, leidet in der körperlichen Entsprechung ständig unter Darmverstopfung.

Jede Entscheidung ist ein Weg und leitet einen neuen Erfahrungsprozeß ein, Unentschlossenheit bringt Stillstand und damit Lähmung und Rückschritt. Das Leben aber ist Bewegung und Fortschritt.

Segensreicher Geldfluß kann immer nur dem beschieden sein, der den Strom des Lebens nicht durch lähmende Furcht vor Entscheidungen und wankelmütiger Unentschlossenheit blockiert.

Einer, der nicht weiß, was er will, verhält sich wie jener Mann im Zug, welcher bei jeder Haltestation laut stöhnt und sich an den Kopf klopft. Letztlich von einem Mitreisenden befragt, ob er unter Kopfschmerzen leide, antwortet er:

„Nein, aber ich fahre in die falsche Richtung".

Befragt, warum er dann nicht aussteige und den Zug in die andere Richtung nehme, antwortet er:

„Hier ist es einfach so schön warm".

FALSCHER GLAUBE

Zunächst müssen wir uns darüber im klaren sein, was Glaube ist und was er bewirkt.

Glaube ist nicht etwa gleichzusetzen mit einem Glaubensbekenntnis.
Glauben hast Du ebenso wie jeder andere Mensch auf diesem Planeten, denn er ist der geistige Behälter Deiner Gedanken.
Glauben hat deshalb auch der Atheist, der Realist, der Kommunist, ebenso wie der Katholik oder Protestant.
Bei den genannten Beispielen unterscheiden sich die geistigen Gedankenbehälter, die jedoch als Form immer vorhanden sind. Die im Gedankenbehälter enthaltene Energie ist der Magnet für die äußeren Manifestationen des Menschen. Der Glaube als Behälter faßt immer die seiner Kapazität entsprechenden Gedankenströme und Muster. Diese bestimmen dann den äußeren Ablauf des menschlichen Lebens.

Darum, ganz gleich welchen Vermögensstatus Du derzeit hast, er ist immer das Ergebnis Deiner gewohnheitsmäßigen Gedanken, die vom Speicher Deines Glaubens angezogen und in Gefühle, Worte, Taten und Ergebnisse transformiert werden.

Über a l l e m steht der Glaube!

Der Arme glaubt an die Macht der Armut und nährt sie ständig durch die im Speicher seines Glaubens entstehenden Mangelgedanken. Sein Glaube, arm zu sein, läßt ihn ständig für sein Vermögen ungünstige Entscheidungen treffen. Das schlechte Ergebnis wiederum bestätigt und vertieft fortwährend seinen Glauben an den Mangel und ruft noch größere Armut hervor.

Der Reiche glaubt fest und ohne Zweifel an seine Bestimmung, immer im Überfluß zu leben. Der Speicher seines Glaubens zieht die reichmachenden Gedanken an, so daß entsprechende Entscheidungen, Gefühle, Worte und Taten folgen, bis das Ergebnis als selbstverständliche Folge ins äußere Leben tritt.

Der Gottessohn lehrte uns hierzu:

> „Suchet zuerst das Königreich Gottes in Euch,
> alles andere wird Euch hinzugegeben.“

und

> „Hättest Du nur Glaube wie ein Senfkorn, Du
> könntest wahrlich Berge versetzen.“

Prüfe einmal Deinen Glauben. Alles was Du „als wahr annimmst“ ist der Speicher Deines Glaubens, ist Dein inneres Königreich oder Dein inneres Armenhaus.

Woran Du glaubst, das muß in Dein äußeres Leben treten, denn außen ist nichts was nicht innen bereits vorhanden ist.

„Wie drinnen so draußen“ lautet die übereinstimmende Erkenntnis aller großen Menschheitslehrer.

Der menschliche Geist erschafft den Speicher des Glaubens, dieser wiederum ist Magnet und Transformator der angezogenen Gedanken, Gefühle, Worte und Taten. Er ist der Konzertmeister des menschlichen Gemüts.

So kann sich der Mensch zum Herrn seines Schicksals aufschwingen, wenn er die lebendige Kraft seines Glaubens benutzt, um sein Gemüt und damit auch sein äußeres Leben zu lenken. Er versetzt dann alle Berge, die sich ihm in den Weg stellen und heilt auch seine Finanzen.

Wer die Kraft seines Glaubens richtig einzuschätzen und anzuwenden weiß, wird auch die Allmacht des Geistes und die allgegenwärtige Gotteskraft erkennen.

Ein in die allesdurchdringende göttliche Liebeskraft eingebetteter Glaube kann nur noch Fülle und Vermehrung erschaffen. Das Wesen Gottes ist die Liebe. Liebe aber ist niemals Begrenzung, Einschränkung und Mangel, sondern stets Freiheit, Vermehrung und Fülle.

Wohl dem, der an die Macht der Liebe glaubt. Er verbindet sich mit der göttlichen Kraft im Universum und seine Ernte wird reichlich sein.

Denn tatsächlich hat keine andere Macht wirklichen Bestand außer der Liebe, die Gott ist.

Du bist mit ihr auf ewig verbunden. Nichts kann Dich von ihr wirklich trennen, nur die Kraft Deines verdunkelten Bewußtseins und ein falscher Glaube an die Mächte der Dunkelheit und des Mangels. Solange Du ihnen Glauben schenkst, werden sie Dich beherrschen. Sie müssen sofort dem Licht der Liebe weichen, wenn Du Dich diesem vertrauensvoll zuwendest. Das Dunkel kann dem Licht nicht standhalten, es muß sofort weichen, wenn Du den Lichtschalter der Liebe betätigst.

Ein Reicher, der seinen materiellen Besitz durch falschen Glauben angezogen hat und nicht durch die göttliche Liebe, muß erleben wie sein Reichtum zu Staub wird.

Ein Mittelloser, dessen Armutsglauben ihn selbst gefangenhält, hat ebensowenig von der göttlichen Güte und Liebe begriffen. Er unterstellt indirekt seinem Göttlichen Vater, daß er ihn verhungern läßt. Dieser Negativglaube macht ihn arm und ärmer, weil er sich durch diesen Glauben mehr und mehr von Gott entfernt.

Denke einmal tief darüber nach, was Du von Deinem Gott glaubst.

Wenn Du in der Armut gefangen bist, so unterstellst Du ihm die schlechtesten menschlichen Eigenschaften. Gibt es doch innerhalb des Menschengeschlechts wenig Väter, die das eigene Kind verhungern lassen. Um wieviel weniger wird Gott dies tun, der Dich liebt und dessen Liebeskraft alles übertrifft was Du Dir nur im entferntesten vorstellen kannst.

Wenn Du jetzt fragst, warum es so viele Menschen auf dieser Erde gibt, die in anscheinend unverschuldeter Not leben, so will ich Dir antworten, daß sich diese Menschen alle freiwillig durch ihren Glauben außerhalb der göttlichen Fürsorge gestellt haben. Da die Erde aber ein Schulhaus ist, haben auch sie jeden Tag die wundervolle Möglichkeit, die Güte und Liebe ihres göttlichen Ursprungs in sich zu erwecken, um dadurch von Mangel und Armut frei zu werden.

Jetzt höre ich gerade den Zwischenruf:

> „Ja aber, was ist mit den armen Negerkindern, die unverschuldet in ärmste Verhältnisse hineingeboren werden?"

Wenn Du an das ewige Leben glaubst, so wirst Du unschwer einräumen, daß auch diese Kinder bereits ein Vorleben haben. Und wenn Du die Gabe hättest, in diese früheren Leben hineinzuschauen, so würdest Du gerade in ihrer jetzigen Bedürftigkeit die göttliche Gerechtigkeit und Liebe erkennen und die wundervolle Chance sehen, die ihnen für ihr Seelenwachstum in diesem Leben gegeben wurde.

Kann also auch ein Atheist reich werden durch die Kraft des Glaubens? Ganz sicher nur dadurch, indem er sich der gleichen Gotteskräfte bedient, die er ablehnt. Er wird aber nur materiell reich werden können und sich dabei nicht einmal glücklich fühlen.
Da ein Atheist an den Tod glaubt, wird er nach seinem Ableben die Vergänglichkeit seines materiellen Vermögens anschauen müssen. Da er keine anderen Reichtümer hat, wird er seine seelische Armut in der geistigen Welt bitter zu spüren bekommen. Eine neue Lebensprobe auf

diesem Planeten wird ihn sicher in eine Inkarnation führen, die mit dieser Armut etwas zu tun hat.

Willst Du also Deine Finanzen wirklich heilen und den Strom Deiner Güter dauerhaft in göttlichen Wohlstand verwandeln, so verbinde Deinen Glauben mit Gott. Er ist die einzige Macht, die wirklich existiert und nicht vom Zahn der Zeit zerfressen wird.

Glaube einfach an die Liebe, dann hast Du das Wesen Gottes begriffen und eine Armee von geistigen Helfern wird Dir ständig bei der Bewältigung Deiner Lebensaufgaben zur Seite stehen. Dein Glaube an das Gute durch Gott und in Deinen Mitmenschen wird das Entsprechende hervorrufen und in Deinem Leben sichtbar machen.

Die Zeit des Mangels ist für immer vorbei, wenn Du den richtigen Glauben gefunden hast.

Materielles Anhaften

Der Fluß des Lebens ist frei von Anhaftungen. Kein Strom will anhaften, hängenbleiben - so auch nicht der Geldstrom.

Eine bemerkenswerte historische Erscheinung im Hochmittelalter bestätigt dieses geistige Gesetz.

Ein christlicher Orden, die ARMEN RITTER JESU, hatte es sich zur Aufgabe gemacht, die darniederliegende Volkswirtschaft Frankreichs zu heilen.

Das Konzept sah folgendermaßen aus:

Gefordert war ein bedingungsloses Freisetzen des Geldstroms durch Vermeidung von Anlagen und Rücklagen. Auf der Templer-Münze („Templer" ist ein anderer Name für diesen Orden) gab es eine Androhung der Exkommunikation für alle, die dieses Geld über Nacht in Besitz behielten. In der Praxis bedeutete dies, daß das Templer-Geld ständig im Umlauf bleiben mußte und nicht in Anlagetümpeln zum Stillstand kam. Die Fließkraft des Templer-Geldes verstärkte sich dadurch ständig und ergoß sich mehr und mehr zum Wohle der Volkswirtschaft über alle Bevölkerungsschichten. Die Bankiers (DIE ARMEN RITTER JESU) nahmen aus dem immer stärker strömenden Geldfluß nur das lebensnotwendige für sich selbst heraus und achteten streng darauf, daß das Templer-Geld ständig im Umlauf blieb und somit durch die investiven Kräfte der Volkswirtschaft vermehrt wurde.

Innerhalb von annähernd zwei Jahrhunderten brachten sie damit die Volkswirtschaft Frankreichs und einiger Nachbarländer zur Hochblüte. Sie erwarben sich den legendären Ruf von Geld-Alchimisten - ihre Alchimie war jedoch die Kunst, das Geld in ständigem Umlauf zu halten und dadurch zu vermehren.
Sie entwickelten dabei eine modernste Kreditwirtschaft und eine für die damalige Zeit bahnbrechende Vernetzung der Geldströme. Adel und Aristokratie waren arm im Vergleich zum mächtigen Templer-Orden. Sogar Könige waren seine Kreditnehmer. So war es auch ein in ihrer Kreide stehender König, der die Templer wegen Hexerei anklagen und hinrichten ließ. Das geniale Geldsystem brach danach infolge dieser Hinrichtungen zusammen und die Volkswirtschaft stürzte dann wieder in Lethargie und Mangel ab.

Dieses authentische Lehrbeispiel verdeutlicht, wie das Gieren nach Anhäufung von Besitz letztendlich den Geldfluß hemmt und von Wohlstand und Wachstum wegführt.

Inproduktives Gut, festgefrorenes Geld, Reserven in den Tresoren kommen immer nur einigen wenigen zugute, schaden aber der Volkswirtschaft und den vielen daran beteiligten Einzelexistenzen.

Für Dich selbst bedeutet dies: Meide alles übertriebene Festhalten und Anhaften - laß das hereinkommende Geld weiterfließen und gib ihm dadurch die Möglichkeit, sich zu entfalten! Dadurch verstärkt sich Dein persönlicher Geldstrom ständig.

Geld fließenlassen heißt nicht, es zu verschwenden. Laß Dein Geld eine sinnvolle und segensreiche Arbeit verrichten, dann wird es sich zu Deinem und zum Wohle anderer ständig vermehren.

Festhalten an der Vergangenheit

Der Rückspiegeleffekt

Kennst Du Autofahrer, die mehr in den Rückspiegel schauen als nach vorne? Vermutlich wenige, denn sollte es solche geben, so haben sie entweder ihren Führerschein schon verloren oder sind auf andere Art und Weise aus dem Verkehr gezogen worden.

Das Leben bestraft die Rückwärtsschauer, da es selbst unablässig voranschreitet. Wer mitten im Leben steht und seinen Finanzfluß dem Leben anpaßt, für den ist die Vergangenheit eine Illusion.

Der „Ewiggestrige“ muß erleben, wie sein Finanzfluß austrocknet und seine Lebenslandschaft verdorrt. Lebendige Beispiele liefern Dir ständig die Berichte aus dem Wirtschaftsgeschehen.

Die einstmals so gelobte deutsche Wirtschaft hat auf vielen ihrer ehemaligen Domänen aufgrund ihres Festhaltens an überkommenen Vorstellungen Märkte, Chancen und Arbeitsplätze verspielt.

Noch vor nicht allzu langer Zeit war für die deutsche Automobilindustrie die Konkurrenz aus Fernost gar kein Thema. Niemals würde man den legendären Standard des deutschen Automobils erreichen können, von ernsthafter Konkurrenz könne keine Rede sein, so glaubte man.

Zwischenzeitlich hat sich das Blatt gewendet. Innovationen und die konsequente Erkennung und Bedienung von Marktlücken haben die Anbieter aus Fernost zu einer beachtlichen Größe auf den Weltmärkten wachsen lassen. Auf einigen Spezialgebieten ist die deutsche Konkurrenz gleich draußen geblieben. Ich selbst erinnere mich deutlich an die Auskunft eines Automobilhändlers einer namhaften deutschen Marke, bei dem ich mich vor Jahren nach einem allradangetriebenen Fahrzeug erkundigte. Sie lautete ziemlich überheblich:

> „Das hat unsere Firma früher schon einmal versucht, es war aber keine Nachfrage vorhanden."

Mittlerweile ist der Markt für allradangetriebene Fahrzeuge fest in japanischer Hand und die deutsche Automobilindustrie bleibt auf diesem Sektor so gut wie draußen.

Die Beispiele, wie durch das Festhalten an überkommenen Strukturen und dem „Sich auf den alten Lorbeeren ausruhen" Möglichkeiten wirtschaftlichen Wachstums verspielt werden, lassen sich ohne Ende fortsetzen.

Für Dich selbst, als ein Mikrokosmos im Makrokosmos des Wirtschaftsgeschehens, gilt die gleiche Regel:

> „Wer an der Vergangenheit festhält, den bestraft das Leben!"

Sei es durch den Verlust des Arbeitsplatzes oder der Verdienstmöglichkeiten.

Die Ewiggestrigen sterben niemals aus. Wer kennt sie nicht aus dem wirtschaftlichen oder betrieblichen Geschehen? Neue Ideen werden oft gleich mit dem Hinweis erstickt:

> „Das haben wir schon einmal versucht und
> es war ein Mißerfolg" o. ä..

Arbeitnehmer halten an ihrem Status und ihrem Standort fest bis er wackelt, anstatt ständig voranzugehen und offen für die Veränderungen des Lebens zu sein.

Wehmütig trauert man dann den guten alten Zeiten nach, wie z.B. das Ruhrgebiet, als es noch eine Kohlenmetropole war und die Schornsteine noch rauchten. Dabei erstarrt man in den alten Strukturen buchstäblich zur Salzsäule und der Fluß des Geldes verebbt.

> Lot und sein Weib zogen auf Weisung des Herrn aus von Sodom und Gomorrha. Gott hatte ihnen aber geboten, sich beim Weggang nicht umzuwenden und zurückzuschauen. Lots Weib aber mißachtete das Gebot des Herrn und blickte zurück, wonach sie sofort zur Salzsäule erstarrte.
>
> Altes Testament

Erstarre nicht zur Salzsäule, indem Du Dein Leben immer im Rückspiegel betrachtest. Schau auf das J e t z t , immer findet Dein Leben im H e u t e statt.

Flucht in die Zukunft

Eine andere Art, sich vom Fluß des Lebens und vom Geldverdienen abzuschneiden, ist die Möglichkeit, ständig in die Zukunft zu schweifen und dabei die „lästigen“ Tagesgeschäfte zu vernachlässigen oder einfach zu ignorieren.

Solche Menschen haben ständig wundervolle Ideen, deren Realisierung sie in die Zukunft vertagen. Zur Verwirklichung kommt es aber nie, da zum Zeitpunkt der möglichen Ausführung wiederum ein neues Projekt für die Zukunft aufgetaucht ist, welches man jetzt verfolgen muß.

Auf dem Schreibtisch dieser Menschen sieht es meist sehr chaotisch aus. Neben dem Stapel unbezahlter Rechnungen und Mahnungen liegen die unausgefüllten Vordrucke für die fälligen Steuererklärungen und allerlei lästiger Papierkram.

Wichtig für solche Menschen sind auch die ehrenamtlichen Aufgaben, die ihnen ja auch alle Zeit rauben, so daß fast nichts mehr für die profanen Tagesaufgaben übrigbleibt.

Von einem stellvertretenden Vorsitzenden des „Ortsverbandes Tirschenreuth zur Bekämpfung des Weißwalfangs“ kann ja auch niemand ernstlich verlangen, daß er sich täglich mit solch lästigen Dingen wie persönlichen Steuererklärungen oder der Bezahlung fälliger Rechnungen abgibt. Schließlich dient er höheren Idealen und solche braucht die Welt.

Am Arbeitsplatz zeichnen sich solche Menschen oft dadurch aus, daß sie Memos über die Rückständigkeit der betrieblichen Organisation ausarbeiten und dabei den fälligen Bericht an ihren Vorgesetzten vergessen oder zu spät einreichen.

Im Außendienst jagen Verkäufer mit diesem Naturell den tollsten Zukunftsprojekten hinterher und vergessen dabei gerne, beim Routinebesuch einen kleinen Auftrag zu notieren.

Diese so veranlagten Menschen haben Angst, in der alltäglichen Arbeit bei Fehlern erwischt zu werden. Wer sich nur mit der Zukunft auseinandersetzt, macht nichts falsch. Wenn man sich ständig mit Projekten beschäftigt, von denen niemand weiß, ob sie jemals zur Ausführung kommen, kann man keine Fehler machen. Man ist auch so überbelastet, daß die Routinearbeiten dann nur unter Streß und natürlich mit Verspätung abgegeben werden und so gibt es immer einen Grund dafür, hierbei Fehler zu machen.

Solche Menschen haben niemals einen gesunden Geldfluß in ihrem Lebensgarten. Die wunderbaren Möglichkeiten, die in der positiven Bewältigung der Tagesgeschäfte liegen, zerrinnen und die hohen Ideale und Zukunftsprojekte kommen niemals zum Tragen, weil in der Zukunft dann kein Geld zur Verfügung steht, um diese zu realisieren. Dann aber beklagen sich solche Menschen, daß die Welt ihre Genialität nicht versteht.

Wenn Du zu einer solchen Lebenseinstellung neigst, dann ändere sie ganz schnell, denn sie ist eine Verliererstraße.

H e u t e ist der Tag des Herrn!

> „Was sorgest Du Dich um den morgigen Tag, ein jeder Tag birgt für Dich wundervolle neue Möglichkeiten.
> Cape diem - lebe den Tag."

ZERRÜTTETE FAMILIENVERHÄLTNISSE

Wenn Du finanziell garantiert abstürzen willst, so mußt Du Dich unbedingt scheiden lassen.

Deine Geldquelle wird dann gleich zugeschüttet und das spärliche Rinnsal, welches noch läuft, wird von Anwälten und Gerichten kräftig bis auf die letzten Tropfen ausgesaugt.
Meier gegen Meier, Müller gegen Müller usw., so lauten die Offenbarungseide für Millionen Familien und die Flut der Scheidungsanträge reißt nicht ab.

Dies ist kein Buch über die ideale Ehe und eine mögliche Vermeidung von Scheidungen. Jedoch kann dieses Thema, dem das Vermögen von Millionen Menschen zum Opfer fällt, hier nicht ausgespart bleiben.

Das ganze beginnt oft relativ harmlos. Wenn der Eros aus der Ehe gegangen ist und tätige Liebe ohne äußeren Reiz an seine Stelle treten soll, beginnt ein Gärungsprozeß. Wie ein guter Wein soll nach göttlichem Plan auch eine Lebensgemeinschaft in den Geist hineinreifen, hierzu ist die Überwindung eines Gärungsprozesses notwendig.
Ist man die Ehe unter falschen Voraussetzungen eingegangen, nämlich aus:

wirtschaftlichen Erwägungen,
sexuellen Erwartungen,
Standesüberlegungen
oder egoistischen Absichten

und nicht aus Liebe, der der einzige Beweggrund sein sollte, dann gären die gegensätzlichen Egoismen besonders stark und das Gefäß der Ehe bekommt Risse und droht zu zerspringen. Dann schaltet eine Partei ihren Anwalt ein, denn schließlich will man ja einmal Recht bekommen und so kann es auch nicht weitergehen. Mit dem anderen ist ja nicht mehr zu reden.
Nun beginnt eine gnadenlose Zerstörung des übriggebliebenen Fundaments der Ehe durch zermürbende Anwaltskorrespondenz, die nach horrenden Hebesätzen abgerechnet wird und immer zu Lasten beider Parteien geht. Wenn diese jetzt noch nicht genügend zerstritten sind, so sorgt der rechtskundige Anwalt schon dafür, daß eine unüberbrückbare Zerrüttung stattfindet - und die Scheidung ist perfekt. Der Kostenpunkt:

> Bei streitiger Scheidung mit zwei Rechtsanwälten mindestens 40 % des Familienvermögens. Dabei wird auch das Negativvermögen - also die Bankkredite und Hypotheken - als Bemessungsgrundlage herangezogen. Hinzu kommen noch die Gerichtskosten.

Ganz kulante Rechtsanwälte und Richter empfehlen den zerstrittenen Parteien dann noch kurz vor dem Scheidungsurteil einen Vergleich. Dies bedeutet unter dem Strich, daß sich die Rechtsanwalts- und Gerichtsgebühren dann noch einmal um 10 % der Vergleichsgebühr erhöhen, wonach die Familienkasse völlig bankrott ist.

Die gebeutelten Parteien gehen dann mit einem Urteil

> „Im Namen des Volkes ...“

nach Hause und können sich über ihr verpfuschtes Leben freuen. Als Bonbon kommt dann noch hinzu, daß die weitere Besteuerung des Einkommens von nun an natürlich in die „Single-Klasse“ angehoben wird, wodurch der Geschiedene meist in die Einkommensklasse eines Sozialhilfeempfängers oder darunter abrutscht.

Ein Lob diesem Staatswesen, welches die Ehen so schützt!

Eine Empfehlung für alle Verheirateten:

> „Überlegt Euch gut, ob Ihr die Scheidungsmaschinerie ankurbelt. Billiger ist in der Regel die Begegnung mit einem Straßenräuber.“

Rechthaberei und Prozesslust

Deutschland ist ein Land der Prozesse geworden. Im kleinen Saal des Amtsgerichts trifft sich an den entsprechenden Gerichtstagen ein Heer von gelangweilten Rechtsanwälten und bezeugt durch seine Gegenwart die Verlesung der Schriftsätze.

Es wird gelogen und verleumdet, unterstellt und in Frage gestellt.

Lügen darf ein jeder Anwalt nach Belieben, lediglich die Zeugen sind unter Androhung einer Strafe zur Wahrheit verpflichtet.

Ein nicht vorgetragener Beweis gilt als Versäumnis und hat zur Folge, daß der Prozeß in diesem Punkt bereits verloren ist. Ein nicht fristgemäß vorgetragener Beweis kann nicht mehr berücksichtigt werden und das Urteil kann deshalb offensichtlich ein Fehlurteil sein, wird aber rechtskräftig. Bei niedrigen Streitwerten ist Berufung nicht möglich. Dem Ermessen des Richters gewährt man fast unendlichen Spielraum.

Jeder Richter fordert die Parteien zunächst zum Vergleich ohne streitige Verhandlung auf. Gehen die Gegner darauf ein, so bringt dies weniger Arbeit für die Justiz, dafür jedoch höhere Gebühren ein.

Kann beim Amtsgericht eine Partei noch gelegentlich die Stimme erheben und ihre laienhafte Meinung kundtun, so hört dieser Spaß spätestens beim Landgericht auf. Dort

werden die höheren Streitwerte abgehandelt und die Juristen, einschließlich des eigenen Anwalts, machen die Sache nach eigenem Gutdünken und natürlich auch im Hinblick auf die Gebührenordnung unter sich aus. Darüber wölbt sich der blaue Himmel der Oberlandesgerichte und dann auch noch des Bundesverfassungsgerichtes.
Wer in diesen höheren Sphären der deutschen Justiz landet, der kann dort Halbgötter in schwarzen oder roten Talaren bewundern, die hoheitsvoll und gönnerhaft parteiische Urteile fällen können, die u. U. wirtschaftliche Existenzen vernichten - ohne daß dies ihrerseits einer Erwägung bedarf.

„Mir geht es doch nur um die Gerechtigkeit", rief eine Hausfrau in einem deutschen Zivilprozeß aus. Sie war von einem Handwerker über den Tisch gezogen worden. „Hier geht es nicht um Gerechtigkeit, sondern um das Recht", antwortet die Richterin der fassungslosen Frau und gab der überzogenen Forderung des Handwerkers recht, weil die beklagte Hausfrau kein richtiges Beweismittel vorzubringen hatte dafür, daß die offensichtlich überhöhte Rechnung nicht den Vereinbarungen entsprach. Im authentischen Fall erging Dienstaufsichtsbeschwerde gegen die Richterin aufgrund ihrer unqualifizierten Antwort. Diese wurde von der Aufsichtsbehörde abgeschmettert.
Wenn Du innerhalb dieser Justizlandschaft Dein Recht suchst und durchsetzen willst, so mußt Du viel Energie und viel Geld aufwenden, um zu einem für Dich halbwegs günstigen Urteil zu kommen. Meistens bist Du aber nach abgeschlossenem Prozeß ärmer im Geldbeutel und reicher an negativer Erfahrung.

Anders ist es bei Arbeitsgerichtsprozessen. Dort tendieren die Richter im allgemeinen dazu, den Arbeitnehmern Recht zu geben, falls diese sich nicht eklatant ins Unrecht gesetzt haben. Was nützt Dir aber ein gewonnener Arbeitsgerichtsprozeß, wenn anschließend das Verhältnis zu Deinem Arbeitgeber zerrüttet ist? Das wenige, was Du gewonnen hast, wirst Du bald wieder verlieren, denn es kostet Dich dann irgendwann sogar Deinen Arbeitsplatz.

Gerechtigkeit bei der weltlichen Justiz zu suchen, kommt Dich immer teuer zu stehen, da es dort gar keine gibt.

Jede Streitigkeit aber, ob gerichtlich oder außergerichtlich, macht beide Parteien ärmer. Der Streithammel und der Prozeßhansel drehen sich selbst laufend den Geldhahn zu.

Die Vermeidung von kostspieligen Auseinandersetzungen bedeutet nicht die Inkaufnahme von unannehmbaren Lebenssitutationen. Die Schlichtung von Streitigkeiten beginnt im eigenen Herzen. Betrachte die Angelegenheit einmal ausnahmsweise aus der Sicht des anderen und es werden sich interessante Lösungen auftun, die beiderseits aufbauend wirken können.

Recht ist eine Sache der Relativität. Gerechtigkeit ist eine göttliche Angelegenheit, Du wirst sie in der Welt vergeblich suchen.

Recht hatte sicher auch jener schwäbische Amtsrichter, welcher einen Streit zwischen zwei Nachbarn zu schlichten hatte:

„Was war denn die Ursache für Euren Streit?“ fragte er die Streithähne.

„Ha, der Häberle hot mi oin Dackel ghoise, do hab i em halt oine ufs Maul ghaue.“

„Do hosch Recht ghabt“, sagt der Richter.

„Aber Herr Richter, der hot mi vorher oin Halbdackel ghoise, erscht dann hab i Du Dackel zu em gsagt“, wendet der andere ein.

„Do hosch au Recht ghabt“, sagt der Richter.

Jetzt empört sich ein Zuschauer aus dem Gerichtssaal:

„Aber Herr Richter, es könne doch nit boide recht ho!“

Antwortet der Richter: „Do hosch au Du recht.“

Anmerkung des Autors: die Authentizität dieses Gerichtsfalls ist nicht verbürgt.

Arbeitsverweigerung

Das ganze Universum und jedes Lebewesen gehorcht dem Schöpfungsgesetz der B e w e g u n g.

Die Sonne sendet 2 Billionen mal pro Sekunde Lichtimpulse auf jedes Mineral, jede Pflanze, jedes Tier und jeden Menschen.

Sich unablässig drehend, bewegen sich die Planeten um die Sonne und die Sonne ihrerseits umkreist ohne Unterbrechung die Zentralsonne. Diese wiederum zieht ihre Bahnen ohne Unterlaß um eine Urzentralsonne.

Jedes Atom Deines Körpers entspricht der Struktur und dem Bewegungsablauf des äußeren Kosmos, ja es ist ein Mikrokosmos für sich, der ständig in Bewegung ist. Um den Atomkern kreisen die Elektronen mit einer Geschwindigkeit von ca. 900 km pro Sekunde, diese wiederum werden von noch feineren Teilchen umkreist, die schon fast die Qualität des Lichtes haben und noch intensiver als die Elektronen schwingen.

Der ganze Weltenraum schwingt und bewegt sich unaufhörlich im größten wie im kleinsten.

Nichts ist wirklich im Stillstand. Der Mensch ist umgeben und eingehüllt von sich bewegenden Teilen und Welten. Sein materieller Körper ist selbst dann noch in Bewegung, wenn er schläft.

Glaubst Du, irgend ein Mensch könne sich diesem großen Schöpfungsgesetz der Bewegung entziehen und ungestraft ein träges Leben führen?

Beobachte die emsige Ameise - unablässig arbeitend versetzt sie Berge.

Oder betrachte die Menschen, die sich ein Vermögen erschaffen haben. Meist sind sie fleißig wie die Ameisen und ständig in Tätigkeit. Ein erfolgreicher Unternehmer, ein Selbständiger und auch ein leitender Angestellter wird die 40-Stundenwoche nicht kennen und sie sich auch nicht wünschen.
Was tut hingegen der 40-Stunden-Woche-Arbeiter mit seiner Freizeit? Meist schaut er sich TV-Filme über erfolgreiche Menschen an, die keine 40-Stunden-Woche kennen und findet deren Leben aufregend. Während seines tariflich garantierten Sechs-Wochen-Urlaubs befindet er sich in Spanien oder Italien und hat dort auch keine Langeweile, weil es da auch deutsches Essen und Bier vom Faß gibt. Das Jahreserlebnis wird dann auf Video oder Dia aufgenommen, damit man sich dann alles zuhause, in Ruhe bei einem Gläschen, noch einmal anschauen kann.

So wird man gelebt und hat kein eigenes Leben, höchstens eines aus zweiter Hand.

Ängstlich verfolgt man auch die neuesten Arbeitslosenzahlen und fürchtet insgeheim um den eigenen Arbeitsplatz. Einen neuen zu finden wäre schwierig, man müßte auf viel Bequemlichkeit verzichten.

Bequemlichkeit, Trägheit und Faulheit - dies sind die Eigenschaften, die vor Gott am erbärmlichsten aussehen.

Der Träge und Faule beschneidet sich seiner eigenen Wachstumsmöglichkeiten. Die kosmischen Kräfte um ihn herum holen dann eines Tages zu einem kräftigen Tritt aus, wodurch unserem bequemen Faulpelz die wunderbare Chance eingeräumt wird, wieder Fuß zu fassen und sich in das kosmische Bewegungskonzert einzugliedern.

Im ehemaligen Wirtschaftswunderland Deutschland sind viele Menschen bequem geworden. Nicht zu verwundern bei diesen prächtigen Arbeitsbedingungen. Schon ab Freitagnachmittag beginnt für viele bereits das Wochenende.

Müßiggang ist aber nicht nur aller Laster Anfang, sondern auch eine Todsünde gegen wirtschaftliches Wachstum und gesunden Geldfluß.

Bewege Dich und ernte die Früchte der Aktivität - so verbündest Du Dich mit dem Leben und Dein Geldfluß plätschert munter weiter. Stillstand ist allenfalls Zerfall und der Beginn von Mangelerscheinungen.

Dies gilt im großen wie im kleinen - die Nationen der Welt, zu deren Tugenden der Fleiß zählt, stehen im internationalen Wettbewerb vorne.

Nichts kann Deinen wirtschaftlichen Aufstieg anhalten, wenn Du emsig arbeiten kannst wie eine Ameise.

Ebenso läßt sich Dein wirtschaftlicher Niedergang nicht verhindern, wenn Du träge bist wie ein vollgefressener Krake auf dem Meeresboden.

Mangelnde Ausdauer

Alles, was Du Dir in Deinem Leben bisher aufgebaut hast, war mit Ausdauer verbunden, ob es der Bau eines Eigenheims, Deine Berufsausbildung, Dein Studium oder auch eine erfolgreiche zwischenmenschliche Beziehung war.

Zu den markantesten göttlichen Eigenschaften, die sich ein Mensch erwerben kann, gehören Beständigkeit und ein rechtes Maß an Ausdauer.

Als Leiter einer Schule für geistige Lebensberater kann ich das Verhalten meiner Schüler gut beobachten. Die erfolgreichsten unter ihnen fragen niemals nach der Möglichkeit der Abkürzung der Ausbildungsdauer, sondern folgen dem Ausbildungsziel beharrlich während der gesamten Studienzeit.

Einige begabte Aspiranten beginnen die Ausbildung aber erst gar nicht, weil ihnen die Studienzeit als zu lang erscheint. Sie dauert drei Jahre und ist optimal dem zu vermittelnden Wissen angepasst.

Ein Beispiel für mangelhafte Ausdauer lieferte mir ein Interessent, der in den letzten Jahren regelmäßig zum Neubeginn des Schuljahres bei mir anfragte, ob es keine Möglichkeit gäbe, die Studienzeit abzukürzen, da diese ihm persönlich unendlich lang erschiene. Seine erste Anfrage in dieser Hinsicht kam vor drei Jahren. Hätte er sich damals bereits eingeschrieben, wäre die unendlich lange Zeit jetzt schon abgelaufen.

So beschneiden sich viele Menschen durch kurzatmige Lebenseinstellungen in ihren Möglichkeiten. Kurzatmigkeit führt aber nie zum Ziel, sondern hemmt den gesunden Geldfluß.
Ein gutes Ergebnis ist ohne eine gesunde, andauernde Anstrengung nicht möglich.

Gottes Ausdauer bei der Heranbildung seiner Kinder ist unbegrenzt.

> „Werdet vollkommen, wie Euer Vater im Himmel vollkommen ist."
>
> Jesus Christus

Alle großen Menschheitsziele und wirklichen Errungenschaften in Wissenschaft, Technik und Wirtschaft sind das Ergebnis ausdauernder Bemühungen.

Willst Du das Leben im Schnellgang erobern, so fährst Du meist am Ziel vorbei.

Erwartest Du von Deinem Geldfluß die Qualität eines „ausdauernden" Stromes, so mußt Du selbst in dieser Tugend stark werden. Wem die Puste zu schnell ausgeht, dem geht auch bald das Geld aus.

Falsches Denken

Du b i s t was Du d e n k s t.

Es gibt eine gewaltige Kraft in Deinem Leben, sie ist der Strom Deiner gewohnheitsmäßigen Gedanken.

Es sind nicht so sehr die Lichtblitze und die Ausnahmeideen - nein, die ganz banalen und profanen Gedankenprogramme formen Dein Leben und Deinen Geldstrom.

Denke einmal darüber nach, womit sich Deine Gedanken im allgemeinen beschäftigen. Kreisen sie um Probleme? Beschäftigen sie sich unablässig mit der Abwendung von finanziellen Sorgen? Dann findest Du hier die Ursache für Deine Geldprobleme.

Es ist keineswegs so, daß Deine Gedanken eine Sekundärfunktion haben, also nur auf die äußeren Umstände reagieren. Nein, sie haben - auch wenn Dir das nicht bewußt ist - eine absolute Primärfunktion.

Es ist nicht etwa so, daß Du einen Mangel hast und diesen dann durch entsprechend positive Gedanken abwenden kannst. Den Verlust hast Du, weil Du vor seinem Eintritt bereits über die Möglichkeit eines eventuellen Mangels intensiv nachgedacht hast. Deine Gedanken waren der Magnet, der die negative Konstellation in die materielle Manifestation hineingezogen hat.

Wenn Du also ständig unter Entbehrungen leidest, dann denkst Du intensiv primär über möglichen Mangel nach und ziehst dadurch diesen unwiderstehlich in Dein Leben. Die dadurch auftretenden Notsituationen wiederum bestätigen Dir die Richtigkeit Deiner gewohnheitsmäßigen Gedanken und Du verstärkst Dein Denken in der negativen Richtung weiter.

Der Teufelskreis ist perfekt. Dein Leben wird zu einer einzigen Jagd nach dem immer knapper werdenden Geld. Der Geldfluß scheint manchmal total zu versiegen und die negativen Gedanken verdichten sich noch mehr.

Wer hat das Desaster hervorgerufen? Niemand außer Dir selbst. Du bist immer Ursache und Wirkung gleichzeitig.

Dein Mangeldenken ruft den Mangel hervor und Du wirst dann nach dem Gesetz der Affinität nur Menschen und Situationen antreffen, die im gleichen Denken verhaftet sind oder Dir das scheinbar unerreichbare Gegenteil spiegeln.

Ebenso verhält es sich mit Deinen gewohnheitsmäßigen Gedanken über Geld- und Geschäftsmoral oder die Konkurrenz im Geschäftsleben und am Arbeitsplatz. Hältst Du Dich in geschäftlichen Dingen für listig, dann wirst Du nur Möglichkeiten und Geschäftspartnern begegnen, die das gleiche im Schilde führen und möglicherweise sind diese dann noch gerissener als Du - schlecht für Dein Geld.

Willst Du Deinen Wettbewerbern ein beinharter Konkurrent sein, so triffst Du sicher noch gnadenlosere Mitbewerber an, die Dir das Leben schwer machen.

Und willst Du am Arbeitsplatz Karriere auf Kosten anderer machen, dann stellt Dir sicher ein anderer zur rechten Zeit hinterlistig ein Bein.

Deine gewohnheitsmäßigen Gedanken bestimmen die Richtung, in die Dein Lebensschiff segelt.

Unterbrich also die negativen Teufelskreise und denke gut und rechtschaffen über Deine Mitmenschen, Mitbewerber, Kollegen, Mitarbeiter, Chefs und Geschäftspartner - so wie Du Dir wünschst, daß sie es tun sollen. Auch über den Strom Deines Geldes denke niemals nachteilig.

Denke immer geradlinig und aufbauend - Deine Finanzen werden es Dir danken.

FALSCHES REDEN

Der Schwätzer wird sich im Leben schwer tun, zu einem guten Geldfluß zu kommen.

Das Wort ist eines der höchsten Güter des Menschen. Wer leichtfertig damit umgeht, wird vom Leben ständig bestraft.

„Am Anfang war das Wort - und das Wort ward Fleisch geworden.“ Dieser biblische Spruch hat für Dein Leben eine enorme Bedeutung.

Alles was sich materiell in Deinem Leben ausdrückt, war zunächst eine Idee des Geistes, dann ein Gedanke und ein Gefühl und danach ein Wort. Aus dem Wort wurde Materie - aus dem Wort wurde Fleisch (Fleisch im biblischen Sinne bedeutet Materie).

Der leichtfertige Umgang mit diesem hohen Geistesgut des Menschen kann verheerende Folgen haben. Ein Klient erzählte mir eine Geschichte, die mit einem solch leichtfertigen Umgang mit dem Wort zu tun hat.

Er war ein erfolgreicher Generalagent einer sehr kreativen italienischen Firma, die sich eine enorm gute Marktposition in Deutschland erarbeitet hatte. Sein Hauptkunde war ein großes Filialunternehmen und die Hauptaufgabe des Klienten war die persönliche Betreuung der Abteilungsleiter, welche ursächlich für die Bestellungen der einzelnen Filialhäuser zuständig waren. Eine dieser Abteilungsleiterinnen besuchte ihn eines Tages anläßlich einer Fachmesse, um neu zu ordern. Sie war begleitet von einem sehr jungen Mann, der etwa die Hälfte ihres eigenen Alters hatte. Der Agent wollte etwas Verbindliches zu den beiden sagen und begrüßte seine Kundin mit den Worten:

> „Hallo Frau H., schön daß Sie uns besuchen, haben Sie heute Ihren Sohn mitgebracht?“

Im gleichen Moment spürte er, daß er jetzt kräftig Porzellan zerschmettert hatte und ihre eisige Antwort lautete:

> „Hallo Herr K., darf ich Ihnen meinen Lebensgefährten Herrn B. vorstellen.“

Einen Auftrag bekam unser Agent ab diesem Tag von seiner bisher besten Kundin nicht mehr. Ihre Kollegen und Kolleginnen aus den anderen Verkaufshäusern schlossen sich dem Boykott an und deshalb blieben auch die Bestellungen aus dem Zentraleinkauf mehr und mehr aus, die Geschäftsverbindung war gestorben. Seine Firma war über den herben Verlust sehr enttäuscht und entzog ihm die Generalagentur, die ihm bislang ein sechsstelliges Jahreseinkommen eingebracht hatte.

Wie leichtfertig geht doch der Mensch mit dem heiligen Gut, dem Wort, welches Fleisch wird, um.

Wie schwer machen sich die Menschen das Leben durch den unüberlegten, herzlosen Umgang mit dem Wort.

Die Qualität unserer Sprache hängt weitgehend davon ab, wie unsere feinstofflichen Organe, die Chakren (siehe

Buchtitel „Heilung Deiner Chakren“ vom gleichen Autor) entwickelt und gereift sind. Das Kommikationschakra, welches für rechtes Sprechen und Hören zuständig ist, wird dabei dem Herzchakra - Entwicklung von Einfühlungsvermögen und Mitgefühl - nachgeordnet.

Eine rechte Seelenbildung ist also wichtig, wenn man ein Meister des Wortes und damit ein Meister des Lebens werden will.

Die Bibel gibt uns auch zu diesem Thema eine Aussage:

> „Und Maria bewegte ihre Worte im Herzen.“

Dies ist der ganze Schlüssel für den rechten Umgang mit dem Wort.

Lerne auch Du, Deine Worte im Herzen zu erwägen und Du wirst Lebensmeisterschaft und Wohlstand gewinnen.

Ein weiterer Schlüssel ist die wahre Nächstenliebe. Gib dem anderen stets die Worte, die ihn aufbauen und stärken, ohne ihm nach dem Mund zu reden. Stülpe ihm nicht ständig Deine Problem über oder lade nicht einfach bei ihm ab, was Du selbst nicht haben willst. Versuche nicht, Dich ständig bei anderen selbst darzustellen.
Höre mit den Ohren des Herzens zu und antworte aus dem Verstand des Herzens.
Das Glück des anderen ist immer auch Dein Lebensglück.

Materielle Begierden

Es ist möglich, daß gieriges Festhalten am Geld zu einem beträchtlichen Geldvermögen führt, keinesfalls aber zu heilen Finanzen.

Das Geld ist ein Kraftstrom und Ströme wollen und müssen fließen. Gier aber will festhalten und besitzen. Aber gerade der Geldbesitz ist nicht segenbringend, sondern allein der harmonische Geldfluß.

Materielle Gier ist nicht nur der geistige Hintergrund von Geiz, sondern auch die Antriebsfeder von Verbrechen und skrupellosen Geschäftsmanipulationen zum Schaden anderer.

Nach dem Gesetz von Ursache und Wirkung muß sich jede egoistische Bereicherung zu Lasten eines Mitmenschen am Verursacher durch noch größeren Verlust rächen. Reicht ein Leben zur Erfüllung dieses Schöpfungsgesetzes nicht aus, so wird die Rückkoppelung einfach im nächsten Leben erfolgen.

„Wer Wind sät, wird Sturm ernten.“

Jesus Christus

Wer in diesem Leben einen Mitmenschen wissentlich um eine Mark betrügt, wird das siebenfache an ihn oder einen anderen zurückzuzahlen haben, denn die Schwingungskräfte der kosmischen Gerechtigkeit zwingen ihn dazu.

Deshalb werden zusammengeraffte Vermögen, die nur der Befriedigung niedriger Begierden dienen, zum richtigen Zeitpunkt dem Verfall unterworfen sein. Danach verbleibt ein vermehrtes kosmisches Schuldenkonto, welches gnadenlos getilgt werden muß, wenn der Verursacher nicht noch rechtzeitig die Gesetze der bedingungslosen Liebe erlernt und lebt. Sobald er sich dem Gesetz der Barmherzigkeit öffnet und sein verhärtetes Herz und Gemüt in die göttliche Liebe wandelt, wird ihn die Wucht der kosmischen Rückkoppelung nicht mit ganzer Härte treffen. Aber gerade eine solche Wandlung ist der in der materiellen Gier verhafteten Seele eine allerhöchste Qual.

Nicht nur die Geldgier ist ein Hemmschuh auf dem Weg zu segensreichen Finanzen, sondern auch die Sucht nach dem Besitz von Gold, Pretiosen, Kunstgegenständen, Modeartikeln, Autos und allen anderen materiellen Manifestationen, die man um seines Glückes willen „besitzen" muß.

Dabei ist selbstverständlich nicht der materielle Besitz an sich das verwerfliche, sondern die in der Menschenseele brennende und sich über alle Gesetze der Nächstenliebe hinwegsetzende Leidenschaft, die nur durch Anhäufung von immer mehr Geld oder Gegenständen kurzfristig befriedigt werden kann.
Diese Gier ist eine Krankheit der Seele, die in der Seelen - schule für Gotteskinder nur durch ein Leben in materieller Not und Demütigung geheilt werden kann.

Materieller Reichtum kann im Menschenleben nur dann segensreich für den Besitzer und seine Nebenmenschen wirken, wenn das Gesetz der Nächstenliebe nicht verletzt wird und die Seele nicht in egoistische Eigen- und Mammonliebe verfällt. Denn solche durch die materielle Gier verhärteten Herzen werden zum dienlichen Zeitpunkt Höllenqualen erleiden, wenn sie nicht nur den Zerfall ihres durch Lieblosigkeit errafften Vermögens beobachten müssen, sondern danach auch noch durch das tiefe Tal der Bedürftigkeit und materieller Demütigung schreiten werden. Gott zahlt seine Rechnungen immer, wenn auch nach unseren Zeitbegriffen oftmals etwas später.

Vermeide also die materielle Gier wie ein Pestübel, sie bringt Deiner Seele den Tod. Schon zu Deinen Lebzeiten auf diesem Planeten nagen die Geister des Zerfalls an dem gierig zusammengerafften Vermögen.

Große Vermögen in den Händen weiser und liebevoller Menschen sind ein reinster Segen für die Menschheit.

Reichtümer im Besitz von dunklen Seelen sind eine Hölle für ihre Besitzer und ihre Nebenmenschen.

Bei einem Besuch bei Freunden war ich Zeuge eines Telefonats zwischen einer gierigen alten Frau und ihrem Enkel. Dieser brach nach einer unschönen Unterhaltung das Gespräch mit seiner Großmutter mit den folgenden Worten ab:

> „Großmutter, ich habe die Nase voll von Deinen Anrufen und Deinem Geld. Laß mich für alle Zeiten zufrieden.“

Danach erklärte er mir:

> „Sie ist steinreich, aber geizig wie ein Satan. Auch lügt sie schamlos und setzt Intrigen über ihre Familie in Umlauf.
> Seit Jahren stellt sie einzelnen Familienmitgliedern dicke Erbschaften in Aussicht, um sie kurz danach wieder zu enterben. Die ganze Familie ekelt sich zwischenzeitlich vor ihr. Ich würde lieber in den Steinbruch gehen, als von ihr ein Erbe anzunehmen.“

Die bedauernswerte Großmutter hatte am Ende ihres Lebens ihren Irrtum noch nicht erkannt. Durch ihre Besitzgier, war ihre Seele fürchterlich verwahrlost und nun muß sie es erleben, daß niemand ihren Mammon, für den sie ausschließlich gelebt hat, annehmen will.

TRADITIONSBEWUSSTSEIN

In einer gut schwäbischen Elektrogerätefabrik hatte ein kleiner Angestellter eine große Idee. Die Haupteinnahmen der Firma aus der weltweit bekannten Produktion von Schallplattengeräten flossen reichlich und die Auftragsbücher waren dick und voll. Seine Idee war es, eine Schallplatte zu entwickeln, die im Durchmesser nur ein Viertel so groß war wie die handelsüblichen Platten und dazu noch aus einem unzerbrechlichen Material gefertigt. Mit einem solchen Produkt auf den Markt zu kommen, würde seiner Firma Weltgeltung verschaffen. Er formulierte seine Gedanken in einem Memorandum an die Geschäftsleitung des Hauses, erntete aber weder Lob noch Anerkennung. Seine Erfindung wurde mit etwa folgenden Kommentaren abgefertigt:

„Wo denken Sie hin, die Leute sind an die herkömmlichen Schallplattengrößen gewöhnt."

„Wie soll sich denn das Geld amortisieren, wenn wir es in eine solch chancenlose Idee investieren?"

„Wir haben uns weltweit einen sehr guten Ruf mit unseren herkömmlichen Geräten geschaffen, daß wir uns solche Experimente gar nicht leisten können."

So blieb die bekannte Firma bei ihren herkömmlichen Geräten und Schallplattengrößen.

Etwa zwanzig Jahre später mußte die Firma Konkurs anmelden. Der Grund war ein nicht mehr zeitgemäßes Geräteprogramm. Zwischenzeitlich hatten japanische Marken den Markt für CD-Player entdeckt und aufgerollt, die Schallplatte war gestorben, sie mußte der kleinen zerbrechlichen Scheibe weichen. Eine wunderbare Idee war von anderen aufgegriffen worden und hatte im Inland Tausende von Arbeitsplätzen vernichtet.

Diesem authentischen Beispiel könnten noch viele ähnliche hinzugefügt werden.

Die Vergangenheit ist immer nur eine Illusion und das Morgen will heute geschaffen sein.

Gedanken und Gefühle, die Dich in der Tradition festhalten, machen Dich unbeweglich und schneiden Dich von einem gesunden, heilen Geldfluß ab.

Kürzlich erfuhr ich folgendes von einem kompetenten Personalchef eines großen Unternehmens:

> „Viele Arbeitslose sind nur deshalb ohne Job, weil Sie unbeweglich an den alten Vorstellungen festhalten - einmal Schichtführer, immer Schichtführer - und auch hinsichtlich Ihres Standorts wenig Mobilität praktizieren."

Wer den Pulsschlag des Lebens nicht hört und die Chancen, die im „Jetzt" liegen, nicht erkennt, verspielt seine zukünftigen Verdienstmöglichkeiten.

Wortbrüchigkeit

„Siehe, ich bin kein Mietling, sondern der rechtmäßige Eigentümer meiner Schafe. So sich der reißende Wolf der Herde nähert, flieht der Mietling. Ich aber bleibe bei meinen Schafen und schlage den Wolf in die Flucht.“

Altes Testament

Gott will mit diesem Bibelspruch sagen, daß er immer zu uns und auch zu seinem Wort steht. Der Mietling aber ist der Wortbrüchige. Beim Auftauchen einer Gefahr sucht er das Weite, steht nicht zu den eingegangen Verträgen.

Schau Dich in Deinem Lebensumfeld ein wenig um, wieviele Mietlinge es gibt, die kein Wort und keinen Vertrag halten können. Und wie viele Menschen stehen wirklich zum Wort, auch dann, wenn es einmal schwierig wird?

Menschen, die ihr Wort einhalten, sind die Grundpfeiler einer intakten Gesellschaft - Gott steht auch zu ihnen und hält ihren Lebensfluß intakt.

In meinen früheren Jahren, als ich noch geschäftsmännisch tätig war, hatte ich mit einer ausländischen Lieferfirma eine Exklusivabsprache getroffen, die es mir ermöglichte, meine inländische Kundschaft ausschließlich mit den Produkten dieser Firma zu bedienen. Die Geschäfte liefen über Jahre sehr gut, der ausländische Lieferant konnte seine Produktionskapazitäten aufgrund der großen Nachfrage aus meinem Kundenkreis erheblich ausbauen.

Eines Tages empfing mich bei einem Geschäftsbesuch ein Kunde mit den Worten:

> „Sie haben mich jahrelang mit Ihren überzogenen Preisen übers Ohr gehauen. Gestern war der Vertreter von ..... (mein Lieferant, mit dem ich eine Exklusivabsprache hatte) bei mir, er will mich zukünftig direkt beliefern mit erheblichem Preisvorteil."

Ich stellte im weiteren Verlauf meinen Lieferanten zur Rede, der offensichtlich seinen Vertrag gebrochen hatte. Dieser wollte plötzlich von allen Absprachen nichts mehr wissen, mit dem Argument, ich könne ja seine Ware weiterhin vertreiben, seine zusätzliche Direktvertriebsorganisation würde doch nur den Umsatz ankurbeln, nach dem Motto: „Konkurrenz belebt das Geschäft".

Für mich selbst war das Geschäft mit dieser Warengruppe über Nacht beendet, wer kann schon gegen eine Konkurrenz im eigenen Hause anlaufen, die das gleiche Produkt nominal erheblich billiger anbietet. Zwar war das Produkt tatsächlich nicht preiswerter, denn ich hatte bei meinen Preisen die seinerzeit noch hohen Importkosten miteinkalkuliert, die der Kunde bei Direktimport selbst zu tragen hatte. Diesen Faktor sah aber der Kunde nicht so deutlich, zunächst stand einfach der niedrigere Preis im Raum.

Nach einigen Jahren erfuhr ich, daß mein damaliger Lieferant nach vielen Direkt-Erstaufträgen in Deutschland böse Reklamationen von den Kunden erhielt. Sie waren enttäuscht, daß die bei der Einfuhr erhobenen Importkosten teilweise höher waren als der vermeintliche Einkaufsvorteil bei der Direktbestellung. Außerdem wurden materielle Reklamationen durch den Hersteller aufgrund seines Domizils im Ausland nur sehr langwierig und mühselig oder gar nicht behoben. So wurden auch seine Rechnungen teilweise nicht bezahlt und weitere Bestellungen blieben aus. Zwischenzeitlich ist er in Konkurs gegangen, seine Warengruppe ist vom deutschen Markt verschwunden.

Vertrags- und Wortbrüchigkeit zahlen sich niemals aus. Sie sind in der Rückkoppelung für den Wortbrüchigen selbst oft ein Genickbruch.

Einer, der seine Vereinbarung nicht hält, muß auch erleben, daß er immer mehr Partner anzieht, denen es ebenfalls gar nicht einfällt, zu ihrem Wort zu stehen. Dies geschieht nach dem geistigen Gesetz der Affinität - Ähnliches zieht Ähnliches an, Gleiches wird mit Gleichem vergolten.

Wenn Du Dein Lebenshaus auf ein gesundes Fundament stellen willst, so baue es auf das Wort Gottes auf. Er hält sein Wort immer. Sei aber auch Du ein rechtes Gotteskind und bleibe wahrhaftig in Deinem Wort.

Von Konrad Adenauer wird oft der Spruch zitiert:

„Was interessiert mich mein Geschwätz von gestern, meine Herren, Sie können mich doch nicht daran hindern, klüger zu werden!“

Andererseits weiß man auch, daß ihm die Russen nachsagen, er sei ein Mann gewesen, der Wort hielt. Er schaffte es nämlich, daß auf eine bloße mündliche Vereinbarung hin, ein Heer von deutschen Kriegsgefangenen aus Rußland heimkehren durfte.

Es ist sicher erlaubt, aufgrund neuer Erkenntnisse sein Wort zu moderieren und auch neue Vereinbarungen darauf aufzubauen.

Sein gegebenes Wort jedoch zu leugnen und zum eigenen Vorteil, über den Kopf des anderen hinweg, zu ignorieren, ist sicher eine Versündigung gegen das Liebesgesetz. Solches aber muß sich zum Nachteil des Wortbrüchigen rächend auswirken. Dies wiederum ist Gottes ewiges Gesetz von Ursache und Wirkung, dem sich niemand entziehen kann.

Auch die viel gelobte Managerqualität „Cleverness“ kann nicht mit Wortbrüchigkeit und Unwahrhaftigkeit verwechselt werden.

Durch Wortbrüchigkeit gewonnene wirtschaftliche Vorteile haben kurze Beine. Die göttliche Gerechtigkeit holt den Lügner ein und verursacht ihm weitaus mehr Nachteile, als die Einhaltung einer noch so schwierigen Vereinbarung von ihm verlangt hätte.

Falsche Liebe zum Geld

In einer amerikanischen Großstadt fand man kürzlich die Leiche einer an Unterernährung gestorbenen Frau.

Sie war auf einer verschlissenen Matratze auf dem Boden einer Slum-Wohnung verhungert aufgefunden worden. Als man die schmuddelige Matratze entsorgen wollte, entdeckte man darin eingenäht ein stattliches Vermögen an Dollarnoten. Hinter verschiedenen Ausbuchtungen der verdreckten Wandtapete waren weitere satte Päckchen mit Dollarscheinen versteckt, insgesamt betrug das gehortete Vermögen mehrere hunderttausend US-Dollar.

Zunächst vermutete man ein Verbrechen, Nachforschungen ergaben aber, daß die Frau das Geld tatsächlich durch Betteln, Pfandflaschensammeln aus dem Müll und allerlei ähnliche Aktivitäten zusammengerafft hatte. Ihre gierige Geldliebe und ihr Geiz hatten es ihr allerdings nie erlaubt, sich selbst ein anständiges Mittagessen zu gönnen.

Das Geld allein macht also nicht frei - ebensowenig glücklich. Es beruhigt auch keineswegs.

Wenn Du Dein Seelenheil an den Besitz von Geld gekettet hast, so stirbt Deine Seele einen langsamen Tod. Geld ist eine materielle Energie und somit dem Verfall preisgegeben - wer seine Liebe an Vergängliches bindet, ist selbst dem Untergang preisgegeben.

Verfall aber ängstigt und Angst ist das Gegenteil von Liebe und Leben.

Menschen, die einen Verlust befürchten, werden nach dem Gesetz der Affinität häufiger davon heimgesucht, als solche ohne diesen Makel.

Mit Verlustängsten und falscher Geldliebe engst Du Dich ein, schneidest Dich selbst vom Leben ab und trocknest Deine Seele aus.

Du kannst das Geld in der richtigen göttlichen Ordnung lieben. Dies aber bedeutet, daß Du Dein Lebensglück nicht vom Geldbesitz abhängig machst, sondern Gott über alles liebst und nicht den Mammon. In der richtigen göttlichen Ordnung lieben heißt aber auch freigeben, loslassen, leben und strömen lassen.

Freigiebig sein heißt nicht, verschwenderisch mit seinen finanziellen Mitteln umzugehen.

Großzügigkeit ist segensreicher Umgang mit dem Geld. Was nützt der Besitz allen Geldes der Welt, wenn man ihn nicht umsetzen kann zum Segen der Menschen und zum eigenen Wohl.

Der Pfennigfuchser und der Erbsenzähler, sie gehen kräftig am Leben vorbei und vergessen bei aller Raffgier, sich Schätze im Himmel zu sammeln.

Die auf der Erde gesammelten Schätze werden vom Rost und den Motten zerfressen. Die Schätze des Himmels aber - dies sind die liebevollen Taten während Deines Erdendaseins - zerfallen niemals und werden Dir hundertfältigen Zins im Gottesreich bringen.

Unsere verhungerte Frau hatte ein großes Geldproblem - zuviel Geld, mit dem sie zuwenig anfangen konnte.

In ihrem Lebensgarten gab es einen riesigen Geldstau, an dem sie dann auch starb - körperlich und seelisch.

Du sollst in Deinem Lebensgarten einen munteren und sprudelnden Fluß strömender Finanzenergie fließen lassen.

Vermeide es zum Wohle Deiner Seele, aus Deinen Finanzen einen stinkenden Stausee ohne Abfluß zu machen.

Kein Erbarmen mit den Armen

Eine sogenannte „stinkreiche Frau“ erschien eines Tages in meiner Praxis und erbat Lebensbewältigungshilfe. Ihr offensichtliches Problem war eine schwere körperliche Krankheit - Muskelschwund. Die Ärzte hatten ihr lebenslanges Siechtum prognostiziert - ihr Mann, selbst Arzt, konnte ihr auch nicht weiterhelfen.

Sie mußte einmal eine bildschöne Frau gewesen sein, ehemaliger Beruf Mannequin - jetzt sah sie aus wie der Tod von Forchheim. Eitel war sie immer noch, denn sie schämte sich offensichtlich für ihr Äußeres und auch für ihre Behinderung. Sie eröffnete das Beratungsgespräch mit den Worten:

> „Also, wenn Sie mir sagen, ich müsse Scheiße essen und ich würde dadurch gesund, so werde ich das tun.“

Aus Vorgesprächen mit einer gemeinsamen Bekannten, wußte ich, daß sie hochkarätig geizig war, ihre Angestellten schlecht bezahlte und ihren Mann offensichtlich nur des Geldes wegen geheiratet hatte. Die Raffgier und die Unfähigkeit zu teilen, hatten wohl auch ihre Seele bereits ausgehöhlt, was ihr Körper auch ausdrückte.

Ich antwortete ihr:

> „Ich kenne ein besseres Heilmittel als Scheiße, es ist die Liebe. Die Liebe, die aus Gott ist, denn er allein kann alle Krankheiten heilen, ob

mit oder ohne Arzt. Von dieser Liebe haben Sie sich aber selbst abgeschnitten, weil Sie alles für sich haben wollten und niemals etwas mit einem anderen Menschen teilen konnten. Versöhnen Sie sich mit Gott durch Taten der Liebe, so daß Freude und Gesundheit wieder in ihr Leben einkehren.
Geben Sie einen kleinen Teil ihres Vermögens den Armen der Welt, denen es an allen wichtigen Dingen mangelt und ihre Seele wird aufblühen.“

Worauf sie mir antwortete:

„Das wäre alles schon recht, aber man hört ja so oft vom Mißbrauch der in gutem Glauben gegebenen Spenden. Und mit Gott brauchen Sie mir gleich gar nicht zu kommen, denn dazu habe ich keine Meinung und Liebe habe ich genug.“

Daraufhin humpelte sie an ihren Krücken konsterniert aus meiner Praxis hinaus und ward nicht mehr gesehen.

Vermutlich sucht sie weiter nach Wundertherapeuten, die ihr statt Gott Scheiße verordnen. Gesund werden wird sie wohl so lange nicht, wie sie ihr versteinertes Herz noch immer weiter zuzementiert.

Sie weiß nicht, daß die Krankheitsursache Nr.1 Mangel an Liebe ist.

Ihre Seele ist an Lieblosigkeit schon fast eingegangen. Wenn ihr das Schicksal gnädig ist, so läßt es sie noch mehr leiden, damit die letzte Chance, sich umzubesinnen und zurückzukehren zur Gottes- und Nächstenliebe, nicht auch noch verwirkt wird.

Von einer gesunden Finanzlage kann man bei ihr sicher ebenfalls nicht sprechen. Sie lebt im Mangel, aus Angst nicht genug zu haben oder es mit anderen teilen zu müssen. Außerdem ärgert sie sich ständig darüber, daß sie nicht noch mehr hat.

Gott, der niemals in den freien Willen des Menschen eingreift, läßt das selbstverursachte Leiden zur Besserung der Seelen zu.

Wenn das höchste Gut des Menschen, seine Gesundheit, aufgrund von Geldgier und Lieblosigkeit zugrunde gegangen ist, ist alles Geld der Welt für den betroffenen Menschen wertlos geworden.

Offene und Verborgene Leidenschaften

„Hasch mir mal fünf Mark?“ So redete mich bei meinem täglichen Spaziergang ein Bekannter an, der in dem kleinen Schwarzwaldstädtchen einmal als Genie gegolten hatte. Er hatte sein Physikstudium mit Auszeichnung abgeschlossen, spielte Schach wie ein Weltmeister und glänzte sehr oft mit geistreichen, weltanschaulichen Reden.

Nachdem ich ihm die fünf Mark ausgehändigt hatte, sah ich ihn zum nächsten Kiosk laufen, wo er den Fünfer in Schnaps umsetzte.

In einer angesehenen Beamtenfamilie aufgewachsen, lebt er heute im Obdachlosenasyl und hält seine „weingeistreichen, weltklugen Reden“ vor Pennern, Stadtstreichern und obdachlosen Junkies.

Ursache für die steile Karriere nach unten sind Nikotin und Alkohol. Sein Äußeres gleicht heute dem eines alten Mannes, obwohl er erst Mitte dreißig ist. Seine Zahnstummel sind so gelb wie naturbelassener Bernstein - vom Zigarettenteer gefärbt. Zuletzt sah ich ihn betrunken, auf dem Boden kriechend, in einem Männerpissoir.

Daß solche Leidenschaften Dein Leben zerstören können und natürlich auch den gesunden Geldfluß hemmen, ist offensichtlich.

Ganz so schlimm muß man es ja nicht treiben, wirst Du einwenden. Ein Zigarettchen und ein gutes Glas Wein in Ehren können ja nicht zum wirtschaftlichen Absturz

führen. Bei dem guten Glas Wein magst Du noch recht haben, aber schon das dritte und ganz sicher das vierte wird Dir nicht mehr gut tun.
Beim Zigarettenrauchen wird die Sache dann schon bedenklicher. In finanzieller Hinsicht mußt Du wissen, daß lebenslanger Zigarettenkonsum (Durchschnitt 20 Zigaretten pro Tag) hochgerechnet den Betrag eines mittleren Lottogewinns ausmacht oder aber dem Gegenwert für ein Eigenheim entspricht. Rauchen greift außerdem Deine Gesundheit an und schmälert Deine Lebenskraft. Nichtraucher sind erwiesenermaßen leistungsfähiger in jeder Hinsicht.

Tragischer ist dann noch der Konsum von Drogen, dem gleich die Zerstörung des Lebens auf dem Fuße folgt.

Andere Leidenschaften sind oft nicht weniger gefährlich. In Orten mit Spielbanken sind die Selbstmordraten und Konkursanmeldungen immer besonders hoch.

Leidenschaftliches und regelmäßiges Toto und Lottospiel macht in der Regel die Spieler ärmer und die Institute reicher.

Der Traum vom „Sechser im Lotto“ blockiert Deine Kreativität und ein tatsächlicher Gewinn ist meist gar nicht von Segen. Oft sind die Gewinner nach der ersten Euphorie mit größeren Problemen belastet als zuvor, weil sie nicht erlernt haben, das gewonnene Geld zu verdienen. Wie gewonnen so zerronnen - oft bleiben nur Steuerschulden zurück. So mancher Lottogewinner hat zunächst einen

Batzen Geld gewonnen, aber dafür sein Lebensglück buchstäblich verspielt.

Die versteckten Leidenschaften zehren nicht selten an den Vermögensverhältnissen - man denke an den Familienvater, der heimlich sein Geld zu den Huren trägt.

Kürzlich las ich in einer Tageszeitung die Geschichte eines Bankiers, der Selbstmord begangen hatte. Seine Leidenschaft war seine eigene, dreißig Jahre jüngere Ehefrau. Sie war nur zufrieden, wenn sie täglich Schmuck im Wert von sechsstelligen Summen als Geschenk überreicht bekam. Die Situation trieb ihn dazu, betrügerische Spekulationsgeschäfte einzugehen. Der Selbstmord rettete ihn vor dem Gang ins Gefängnis.

Soll denn alles was Spaß macht verboten sein? Und des Lebens Würze, die Leidenschaft, immer etwas Schlechtes sein? So höre ich jetzt schon wieder einige rufen, die mich womöglich gleich auch des Puritanismus verdächtigen wollen.

Hör zu, Gott will, daß Du ein glückliches Leben in Freude, Gesundheit und Wohlstand hast. Sämtliche obengenannten Leidenschaften bereiten Dir alles andere als Freude, allenfalls einen sehr schalen Genuß. Meistens verbleibt Kopfweh und Übelkeit ebenso wie schlechtes Aussehen zurück.

Leicht kannst Du Dich von all diesem Ballast trennen und das Leben wird dann aufregender als je zuvor.

Mach Dich frei von all diesen üblen Gewohnheiten und das Leben hält für Dich seine köstliche Einfachheit und Einmaligkeit bereit. Der Überwinder ist ein Sieger des Lebens. Ihm liegt die Welt und das ganze Universum zu Füßen, seine Trophäe ist die wahre Freiheit des Seins.

Der in der Leidenschaft verhaftete ist ein Verlierer. Er atmet den schalen Rauch der Abhängigkeit ein und verschleißt sein Leben, seine Kraft und seine finanziellen Mittel.

Leidenschaft ist, was L e i d e n s c h a f f t.

Schlechte Zahlungsmoral

Hast Du schon einmal erlebt, daß ein Ackerland etwas hergibt, ohne daß es zuvor bestellt wurde?

So dumm kann ja ein Ochse und ein Esel zusammen nicht sein, so etwas anzunehmen, wirst Du jetzt vielleicht einwenden.

Richtig - aber ich kenne eine Menge Leute, die im täglichen Geschäftsleben davon ausgehen, daß ein Acker etwas abwerfen könne, auch wenn man keinen Samen hineintut.

Der Same ist in diesem Falle das Geld. Richtig eingepflanzt wird es sich vermehren und Früchte bringen.

Nun gibt es einige Geschäftsleute, die einfach ihre Rechnungen nicht begleichen, um sich mit der nicht bezahlten Leistung eines anderen einen vermeintlichen Vorteil zu verschaffen. Ihre Geschäftsstelle ist das Amtsgericht und sie leben in der Illusion, daß sich ihre Situation einmal verbessern wird, wenn die Geschäfte besser laufen. Die Geschäfte laufen aber zwangsläufig immer schlechter, weil sie keinen fruchtbaren Samen in das Erdreich eingeben, der Früchte tragen könnte. Das klägliche Ende eines solchen Geschäftsmannes ist dann immer der Gang zum Konkursrichter.

Wieder andere zahlen höchst ungern Rechnungen, ziehen ständig das Ziel hinaus und kürzen am Ende noch irgendwelche Beträge aufgrund konstruierter Reklamationen.

Solche sind ebenfalls wenig erfolgreich, denn sie geben nur zögernd schlechten Samen in ihr Erdreich und ernten deshalb nur sehr spärlich. Nach einer ernsthaften betriebswirtschaftlichen Studie der Universität Harvard gilt es als erwiesen, daß Firmen, die schlecht und ungern ihre Rechnungen bezahlen, immer überwiegend solche Kunden anziehen, die ebenfalls schlecht und ungern zahlen.
Dies kann nach dem geistigen Gesetz der Affinität auch niemals anders sein. Und so kriechen solche Firmen mit „rachitiskranken" Finanzen durch ihre mageren Geschäftsjahre und haben an ihrem Betrieb niemals Freude, weil der Erfolg immer ausbleiben muß.
Diese Geschäftsleute sind der Meinung, sie würden ja gerne flüssig sein und prompt bezahlen, wenn sie nur mehr Geld hätten. Sie können aber niemals mehr Geld haben, weil ihr Finanzfluß aus den Geschäftserlösen aufgrund ihrer eigenen negativen Einstellung nur spärlich fließen kann.

Die erfolgreichsten Firmen sind solche, die ihre Rechnungen immer pünktlich und mit Freude bezahlen. Sie werden von ihren Lieferanten gerne und bevorzugt bedient, ihre Angestellten arbeiten in der Regel mit Hingabe, da auch ihre Gehälter gerecht und pünktlich fließen. Auch das Finanzamt muß seinem Geld nicht hinterherlaufen. Würde man sich die Kundenkartei einer solchen Firma anschauen, so stellte man fest, daß sie vorwiegend über prompt zahlende Kunden verfügt. Solchen Firmen ist dauerhafter Erfolg und Aufstieg sicher. Welche Gesetzmässigkeit liegt dieser betriebswirtschaftlichen Tatsache zugrunde?

Es ist das unwandelbare Gesetz der Liebe - was Dir selbst ein Greuel, das tue anderen nicht an. Oder positiv ausgedrückt, was Du selbst von anderen erwartest, das tue ihnen zuerst. Diesem Gesetz der Nächstenliebe kann sich keiner entziehen, auch nicht die allerfeinsten und bedeutendsten Wirtschaftsunternehmen.

Und so schafft es einfach niemand, ein schlechter Zahler zu sein und doch gutzahlende Kunden zu haben.

Bedenke, alle Menschen sind innerhalb der großen Menschenseele miteinander verbunden. Dein Verhalten gegenüber Lieferanten muß sich auch auf Deine Kunden auswirken.

Für den Privatmann gilt im kleinen Haushalt das gleiche. Wer nicht gerne seinen finanziellen Verpflichtungen nachkommt, sich über fällige Kreditraten ärgert und ausgegebenem Geld hinterherweint, der wird sich schwerlich jemals über einen kräftigen Geldfluß freuen können.

Ein alltägliches Beispiel:

Jährlich gibt es in Deutschland eine Flut von finanziellen Rückforderungen gegenüber den Urlaubsreiseveranstaltern, die auf mehr oder minder gerechtfertigten Leistungsmängeln bestehen. Da wird beanstandet, das Essen sei nicht vom Feinsten gewesen und nachts hätte die Disco-Musik vom Strand bis ins Zimmer gedröhnt. Oft werden Prozesse geführt, der Erfolg solcher Regreßforderungen steht in keinem Verhältnis zum entsprechenden Aufwand an Energie und Ärger. Man hat sich aber beschwert und dies ist im wahrsten Sinne des Wortes auch so. Der sich Beschwerende macht sich zunächst selbst das Leben schwer - der Exurlaubsreisende vergeudet den Erholungsgewinn und er begeht eine weitere Todsünde gegen seinen gesunden Geldfluß. Vermutlich hat er sich schon während des ganzen Urlaubs darüber aufgeregt, daß er für sein gutes Geld eine so schwache Leistung bekommt. Ein negatives Programm wird dadurch in Gang gesetzt oder bestärkt, es heißt: „Ich bekomme zu wenig für mein Geld". Dieses Denkverhalten wird im Leben unseres Urlaubsreisenden zur Gewohnheit werden und immer aus dem Unterbewußtsein heraus dafür sorgen, daß er sich an den Gegenleistungen, die er für sein Geld erhält, niemals freuen kann. Er wird zum mürrischen Zahler und das Geld wird sich bei ihm nicht wohl fühlen, sein Fluß immer spärlicher werden.

Wie anders geht es jenem Urlaubsreisenden, der das gleiche Ziel und Hotel gewählt hat und sich schon während des ganzen Urlaubs darüber freut, welch wunderbare Gegenleistungen er für sein Geld erhält. Da gibt es die herrliche Seeluft, die südländische Atmosphäre, die exotisch klingende Speisekarte, das fröhliche Gelächter vom Strand her, auch des Nachts, wo zuhause bereits alles schläft und einiges mehr, was es sonst im Alltag einfach nicht gibt. Ein Mensch mit einer solchen Einstellung kommt nicht nur prächtig erholt vom Urlaub zurück, er dankt auch seinem Geld für diese wundervollen Gegenleistungen, die er dafür bekommen hat. Er wird für die Zukunft seinen Geldstrom vermehren, da das Geld segensreich und liebevoll wirken will.

Griesgrämige Sauertöpferei lohnt sich nicht beim Geldausgeben oder Rechnungenbezahlen. Freudiges Hingeben des vereinbarten Entgelts will als Liebesdienst betrachtet sein und trägt reichlich Zinsen, macht in der Folge den Geber reicher.

Ein ärgerlich und ungern verabreichtes Entgelt schmälert das Geldpotential des Gebers und macht ihn durch das Gesetz der Affinität ärmer.

Job weg - arbeitslos?

In Deutschland gibt es viele schöne Plätze, die schönsten sind die Arbeitsplätze - ein Wahlslogan einer Partei bei der letzten Bundestagswahl.

Ist es so? Ich kenne sehr viele Arbeitsplätze in Deutschland, die alles andere als schön sind. Einige übertreffen in ihrem ungemütlichen Ambiente sicher so manch gemütlich eingerichtete Gefängniszelle. Auch ist das menschliche Umfeld meist keinesfalls menschlich. Verlustangst, Intrigen, unhöflicher Umgang mit der Würde des Menschen, Mobbing - alles steht meist an der Tagesordnung. Schreiende Chefs, zitternde Angestellte, Anweisungen, die nicht einzuhalten sind oder ständig korrigiert und widerrufen werden.

Die Chefs selbst stehen unter Hochspannung, weil die makrowirtschaftlichen Rahmendaten für ihre Firma ständig eine Gratwanderung zwischen Verlust und Gewinn hervorrufen. Ihren aufgestauten Frust laden sie dann bei ihren Angestellten ab.

Die Angestellten haben oft innerlich gekündigt, müssen aber äußerlich folgen, da ihre wirtschaftliche Existenz arg bedroht wäre, wenn sie ihren Job verlören. Oft sind es Männer in den besten Jahren, die am härtesten unter Druck stehen. Sie fallen bei einem Ausscheiden aus dem Betrieb meist unter die Rubrik „Unvermittelbar - über 45“, es droht dann Dauerarbeitslosigkeit und sozialer Absturz. Die Leistungsgesellschaft verlangt doch tatsächlich von ihren Leistungsträgern, daß sie sich in der Regel bis etwa zum dreißigsten Lebensjahr ausbilden - durch Studium oder Fortbildung. Ab dem 45. Lebensjahr aber gelten diese Leistungsträger in der Industrie im allgemeinen als nicht mehr vermittelbar. Oft werden sie dann vom Staat weiterbezahlt dafür, daß sie nicht mehr arbeiten dürfen.

In dieser Arbeits- und Industrielandschaft sich wohl zu fühlen, fällt schwer. Aber nur der, welcher seine Arbeit mit Freude tut, kann dauerhaft erfolgreich sein und in seinem Beruf Befriedigung finden. Ja, man kann sogar sagen, daß nur derjenige Glück durch seine Arbeit findet, welcher mit seiner Leistung zum Wohle anderer Menschen beiträgt. Auch hier begegnest Du dem Affinitätsgesetz.

Nun ist aber Job nicht gleich Beruf. Einen Job findet man unter dem Aspekt der wirtschaftlichen Versorgung, man dient dem Geld. Erinnere Dich - die Herrschaft des Geldes über den Menschen kommt einer Knechtschaft gleich.

Beruf bedeutet Berufung - diese entspringt Deinem göttlichen Talent - es ist ein Ruf aus dem Herzen. Jedem Menschen ist ein göttliches Talent ins Herz gelegt. Folgt er seiner Berufung, wird er ein Könner seines Fachs werden, seine Arbeit wird Freude bereiten und zum dauerhaften Erfolg führen. Das Geld wird ihm hinterherlaufen und ihm dienen. Dies gilt für die sogenannte unselbständige, wie auch für die selbständige Arbeit.

Menschen, die einem Job nachgehen, also dem Geld dienen, sind den Launen und der Willkür der Gelddiktatur unterworfen, sie müssen ein Leben lang um ihre Existenz zittern und werden niemals echten Erfolg und Arbeitsfreude kennenlernen.

Wenn Du also Schwierigkeiten an Deinem Arbeitsplatz hast, so frage Dich, ob es ein Job oder Dein Beruf ist. Wenn Dein Arbeitsplatz nur ein Job ist, so lohnt es sich immer, Deinen wahren Beruf zu suchen und damit einen festen und sicheren Arbeitsplatz zu finden. Dazu ist es nie zu spät, ich selbst habe meine Berufung erst in der zweiten Lebenshälfte gefunden und ergriffen.

Wenn es Dein Beruf ist und Du dennoch Schwierigkeiten am Arbeitsplatz hast, so versuche es einmal mit der GOLDENEN REGEL. Erinnere Dich: „Denke so gut über Deinen Chef, Deine Kollegen, Kunden und Lieferanten, wie Du willst, daß diese über Dich denken sollen.“ Dein Sprechen entspringe diesen goldenen Gedanken. Das wirkt Wunder und kann goldene Ergebnisse in Deinen Berufsalltag bringen.
Wirkt das nicht, so hat Gott für Dich einen anderen, besseren Arbeitsplatz vorgesehen und wird Dich dorthin führen, wenn Du Dich ihm anvertraust.

Solltest Du Job oder Arbeitsplatz verlieren, gilt es jetzt für Dich, eine Herausforderung anzunehmen.

Mach Dir erst einmal klar, daß Deine Arbeitskraft etwas wert ist und gebraucht wird. Nutz die Gelegenheit, Dich neu zu orientieren, aus der bisherigen Routine auszubrechen. Fürchte nicht die Arbeitslosigkeit, sie ist kein Seins-, sondern ein Bewußtseinszustand. Tatsächlich kannst Du nie arbeitslos werden, wenn Du es nicht willst.

Menschen, die ihren B e r u f gefunden haben, werden niemals arbeitslos.

Jetzt hast Du die Chance, das zu tun, was Du vielleicht immer schon tun wolltest.

Hör einfach nicht auf, zu arbeiten. Du wirst Dich wundern, was Du alles tun kannst.

Schaff Dir jetzt die Existenz, von der Du immer schon geträumt hast. Gott wird Dir dabei helfen.

Möglicherweise wagst Du jetzt den Sprung in die schon oft erträumte Selbständigkeit.

Verbünde Dich mit dem Fluß des Lebens, raus aus dem Mief der pauschalen Volkswirtschaft - fang endlich an, Dich selbst zu verwirklichen. Gott läßt Dich nicht verhungern und zeigt Dir neue Wege. Laß ab von der Vollkasko-Mentalität und sozialen Absicherung. Es gibt keine Sicherheit in Gelddingen, außer der großen Sicherheit in der Geborgenheit Gottes.

E r ist der beste Ratgeber und auch der beste Arbeitgeber!

Glücklich und erfolgreich wirst Du erst sein, wenn Deine zukünftige Arbeit dazu beiträgt, nicht nur Dich, sondern auch andere Menschen glücklich zu machen. Dann stehst Du auf der göttlichen Gehaltsliste ganz oben.

Gebetsmeditation für richtige Berufsfindung

Versenke Dich ohne äußere Ablenkung in Deine Mitte, atme Dich frei. Geh zum inneren Tempel des Lebens und nimm Kontakt auf mit Gott in Deinem Herzen.

Gütiger Vater, mein Vater.

Ich weiß, daß Du in Deiner unendlichen Liebe jedem Deiner Kinder eines Deiner Talente ins Herz gelegt hast.
Du bist Erfinder, Ernährer, Künstler, Führer, Diener, Heiler und Berater zugleich.

Ich bin Dein Kind. Laß mich erkennen, welcher Dienst am Menschen meiner Berufung aus Dir entspricht und hilf mir, diesen Beruf zu ergreifen.

Ich danke Dir in Jesus Christus Namen für die Antwort, die Du mir ins Herz gelegt hast.

Vater, ich preise Deine Weisheit und Güte.

Amen

Jetzt 5o Atemzüge lang nach innen lauschen.

Die Antwort kann durch eine Vision, eine lichte Stimme oder eine gefühlsmäßige Gewißheit erfolgen.

Gebetsmeditation zur Erhaltung des Arbeitsplatzes

Meditiere vor dem täglichen Gang zur Arbeit, indem Du ca. fünf Minuten die Augen schließt und äußere Ablenkung vermeidest. Atme ruhig und konzentriere Dich auf die Gegend Deines Herzens.

Gütiger Vater im Himmel.

Laß mich heute mein Bestes geben und dabei Deine Liebe, Deine Weisheit und Deinen Frieden ausdrücken.

Führe Du mich in meinen Aufgaben, wenn mein begrenzter Verstand zur Lösung nicht ausreicht. Dein Wille geschehe mit und durch meine Arbeit, die zum Glück anderer Menschen beitragen will.

Laß mich heute so gut über meine Mitmenschen denken und sprechen, wie diese über mich denken und sprechen mögen.

Hilf mir, daß ich mich nicht über andere ärgere. Hilf mir, mich den wundervollen Möglichkeiten des heutigen Tages zu öffnen.

Amen

Gebetsmeditation für einen neuen Arbeitsplatz

Morgens nach dem Aufwachen. Konzentriere Dich auf die Gegend Deines Herzens. Wende Dich vertrauensvoll an Deine göttliche Quelle. Atme tief und fühle die Wärme, die aus dem Herzen strömt. Sprich hingebungsvoll mit dem Vater in Dir:

Gütiger Vater meines Herzens.

Du kennst meine Bedürfnisse noch besser als ich selbst. Ich trage in mir den Wunsch nach einer neuen Arbeitsstelle, die meiner Berufung und meinem Willen entspricht, durch meine Arbeit zum Wohle anderer Menschen beizutragen.

Ich vertraue mich ganz Deiner Weisheit und Führung an und weiß, daß Du mich immer vor Aufgaben stellst, die ich lösen kann.

Nach Deinem weisen Willen laß mich die Arbeit meines Herzens finden.

Darum bitte ich Dich in Jesus Christus Namen und danke Dir für die Erfüllung meiner Bitte.

Amen

Verheißung aus der Bibel:

„Alles, um was ihr den Vater im Himmel in meinem Namen bittet, wird Er euch geben, so es eurem Seelenheile dient.“

Jesus Christus

„Wenn ihr bittet, so betet so, als ob ihr das Erbetene schon empfangen habt.“

Apostel Paulus

PLASTIKGELDWOHLSTAND?

> „Kreditkarten verführen dazu, daß viele Menschen mit dem Geld, das sie nicht haben, viele Dinge kaufen, die sie nicht brauchen, um Menschen zu imponieren, die sie nicht mögen.“

In Amerika geht ohne sie nichts mehr, auch in Europa grassiert der Kreditkartenboom.

Denk einmal tief nach, was geschieht den umworbenen Kreditkartenbesitzern Gutes, wenn sie sich mehr und mehr dem Plastikgeldwohlstand hingeben? Fließt mehr Geld und Liquidität in ihr Leben und werden sie dadurch unabhängiger oder besser abgesichert gegen Geldverlust? So verspricht es jedenfalls die Kreditkartenwerbung.

Lies doch einfach einmal das Kleingedruckte auf den Kreditkartenverträgen und Dir wird die Lust an diesem „Geschäft“ sehr bald vergehen.

Wenn Du im Rechnen gut bist, wirst Du gleich erkennen, daß Dir einige dieser Kreditkarteninstitute Geld zu einem Effektivzinssatz von bis zu 20 % verleihen wollen. Dieser Brocken wird kaschiert durch den monatlichen Abrechnungsmodus, der den Zinsaufschlag in seiner ganzen Höhe geschickt verschleiert.

Merke: Nach der Gesetzgebung der Bundesrepublik Deutschland ist jeder Zinssatz von über 20 % als Wucher anzusehen und wird strafrechtlich geahndet!

Zum anderen profitieren diese Institute noch kräftig von Deinem Leben, wenn Du ihnen einen Teil Deines Finanzumlaufs anvertraust, indem sie Deinen Einkaufspartnern weitere 10 % Finanzierungsprovision abknöpfen. Möglicherweise wären diese 10 % von vornherein Dir zugeflossen, wenn sie Dein Geschäftspartner nicht den Preisen hätte aufschlagen müssen, denn auch er will ja leben.

Einen teuren Einkauf hast Du da auf diese Weise getätigt!

Eine heimtückische Seite der Medaille ist auch die psychologisch geschickt gestaltete Einkaufsverführung für den Kreditkartenbesitzer. Man hat ja Kredit, warum soll man nicht mal eben zuschlagen, wo man sonst aufgrund des Monatsbudgets gezögert hätte.

Und schließlich geht zwischenzeitlich mit der Kreditkarte fast alles, besonders gern ist sie gesehen in zweifelhaften Nachtbars und Edelpuffs. Fast jede Hure, die heute etwas auf sich hält, ist einem Kreditkarteneinzug angeschlossen. Körperliche „Liebe“ auf Kredit, wenn das kein Geschäft ist.

Besonders verführerisch sind auch die fettgedruckten Rahmenbedingungen der einschlägigen Kreditkarteninstitute. Einige locken neue Kunden mit der Möglichkeit an, auch bei Ausschöpfung des Kreditrahmens nur einen monatlichen Mindestbeitrag (kein Abbau der Kreditsumme) zu bezahlen. Hört sich gut an.

Insider wissen, daß einige dieser Institute die strenge Regel verfolgen, den Kunden, die diesem Angebot nachgekommen sind und immer nur den Mindestbeitrag leisten, nach 6 Monaten den Kredit zu kündigen.

Merke: Wenn der Kunde das in Anspruch nimmt,
womit man ihn durch Werbung gelockt hat,
so wird ihm nach gewisser Frist der Kredit
gekündigt.

Willst Du noch mehr über die neue Freiheit wissen, die solches Plastikgeld den Menschen bringt?

In Amerika kauft Bill Normalverbraucher bereits seine Margarine im Supermarkt per Kreditkarte ein. Oft vor allem deshalb, weil es zur Butter durch die hohen Kreditkartenkosten nicht mehr ausreicht.

Halte Dich zum Wohle Deiner Finanzen vor dieser Plastik-Schmarotzerwährung zurück.

Gott gibt Dir ohnehin alles Notwendige ohne Kreditkartenaufschlag.

Anmerkung

Aus rechtlichen Gründen gibt der Verfasser folgende Erklärung ab:

Ähnlichkeiten mit dem geschilderten Geschäftsgebaren von Kreditkarteninstituten, wie sie in Europa und Deutschland etabliert sind, sind rein zufällig.

Dem Leser dieses Buches sei es in seiner Eigenschaft als Verbraucher vorbehalten, Auswüchse der Kreditwirtschaft durch kritischen Vergleich zu überprüfen.

Wucher im strafrechtlichen Sinne beginnt erst bei 20 %, so kann ein Kreditinstitut, welches nur 19 % erhebt, mit Recht nicht der Wucherei bezichtigt werden.

Es verstößt auch nicht gegen geltendes Recht, wenn ein Kreditkartengeber ohne ersichtlichen Grund den Kredit kündigt.

Das Schuldenwunder - eine neue Krankheit

In Deutschland gibt es derzeit ca. 2 Millionen Insolvenzfälle (absolute Zahlungsunfähigkeit) und schätzungsweise 10 Millionen Insolvenzgrenzfälle. Bei den letzteren handelt es sich um Menschen, die innerhalb des Spektrums „Neue Armut“ leben, also mehr Geld für Schuldentilgung, Leasingraten und Kreditkartenkosten aufbringen müssen, als sie verdienen.

Bei dieser Gruppe handelt es sich keineswegs um Menschen mit schlechter Arbeitsmoral, unsolider Lebensweise oder leichtfertigem, verschwenderischem Lebensstil.

Die hiervon betroffenen Personen sind Angehörige aller Berufsstände, also Ärzte, Freiberufler, Handelsvertreter, leitende Angestellte, Kaufleute mit Einzelhandelsgeschäften, Facharbeiter, Computerspezialisten usw.. Die Betroffenen leben in der Angst, daß ihnen die Bank den Überziehungsrahmen zusammenstreicht oder ihre Kreditkarten einzieht und sie dann den bitteren Weg zum Amtsgericht gehen müssen. Meistens aber setzt die Bank immer wieder „noch einen oben drauf“ und dann ist man noch einmal über die Runden gekommen, bis der nächste Spielraum schon bald wieder ausgeschöpft ist und das Zittern von vorne beginnt. Häufig leiden die Familien unter diesem Dauerangststreß, ein großer Teil der wahren Scheidungsgründe ist in diesem Bereich angesiedelt. Rechnet man zu den genannten 2 Millionen Insolvenzfällen und 10 Millionen Insolvenzgrenzfällen noch das Heer der Arbeitslosen und Sozialhilfeempfänger hinzu und multipliziert die Eckzahlen mit den daran hängenden, nicht berufstätigen Familienmitgliedern, so kommt man sehr leicht auf annähernd 50 Millionen Deutsche, die in verdeckter wirt-

schaftlicher Not leben oder zumindest schwere, berechtigte Existenzsorgen mit sich herumtragen. Über diese Tatsache können die vielen Luxuslimousinen (mit Autotelefon) nicht hinwegtäuschen.
Bedenkt man dann noch die Schuldenlast auf den wundervollen Einfamilienhäusern, deren Gebälk unter der Last von Langzeithypotheken ächzt, so wird es schwer, dieses Schuldenwunder nicht als Krankheit, wenn nicht als Seuche zu betrachten. Man spricht allerdings nicht darüber - uns geht es gut! Wer es nicht glaubt, der deckt das Ganze immer öfter mit der Cognac-Flasche zu.

Verschämt zieht man dann den nächsten Kontoauszug aus dem Automaten, um die neuesten Sollzahlen abzurufen, gelegentlich wird dabei gleich die Kreditkarte einbehalten und ein neuer Nervenkrieg mit der Bank beginnt.
Aber wenn schon, den nächsten Urlaub in Florida hat man schon gebucht und die Finanzierung der kostbarsten Wochen wird schon irgendwie gelingen.
Über allem schweben dann noch die ständig galoppierenden Schuldenzahlen aus Bonn,

letzter Rekord 2000 Milliarden Staatsschulden

mit steigender Tendenz. Länder und Kommunen folgen bis an die Grenzen der Erträglichkeit. Bei jeder „Konsolidierung“ der Haushalte ist getreulich immer nur von „angemessener Neuverschuldung“ die Rede, Schuldenreduzierung gehört in das Land der Utopie.

Diese „solide Finanzlage“ der Wohlstandsgesellschaft scheint unheilbar zu sein. Der Einzelne als wirtschaftlicher

Mikrokosmos kann sich den makrokosmischen Daten nicht entziehen. Seine Lebensqualität leidet, die Psyche ist angegriffen und die Familie durch die schleichende Angst zerrüttet.

Studierst Du die Wahrheiten der Bibel, so wirst Du zahlreiche Botschaften und Geschichten finden, die den Schuldengeist als das Werk des Widersachers aufdecken und das Wunder der göttlichen Schuldentilgung beschreiben. Denke nur an die wundervolle Befreiung der Israeliten aus der ägyptischen Fron und Sklaverei. Nachdem das Maß voll war, führte Gott sein Volk aus der Knechtschaft heraus und stattete es dazu noch mit reichlich Gold und Silber aus dem Vermögen der Ägypter aus.

Gottes Plan für Dich ist nicht die Knechtschaft der Schuldenkette.

Nun könnte man einwenden, daß zwischen der Sklaverei der Israeliten und den Sorgen der heutigen Wohlstandsbürger wohl schwer ein Vergleich zu ziehen sei.

Nun - ein Sklave hat sein Leben verpfändet und ist der materielle Besitz eines anderen.

Angesichts der obigen Zahlen kannst Du Dir ausrechnen, wieviel Wohlstandsbürger ihr Bestes - das Leben - bis zum Ende verpfändet haben. Sie leben in der Illusion der Freiheit und haben Angst, daß ihnen diese Illusion genommen wird. Die „Freuden des Lebens“ haben sie in der spärlichen Zeit genossen, als ihr Kreditspielraum noch nicht erschöpft war. Die Kinder dieser Wohlstandsgeneration treten gleich mit großen finanzierten Autos oder Motorrädern ins Berufsleben ein und legen sich die gleichen Ketten wie ihre Eltern an.

Eine Chance, aus dem Schuldenkorsett auszubrechen, haben die Beklagenswerten in der Regel nicht. Selbst wenn sie irgendwann einmal „kürzer treten“ und immer mehr arbeiten, gewinnen sie den Wettlauf mit den Schulden nicht. Sie strampeln dabei wie das Meerschweinchen im Laufrad, vergeuden ihre Kraft und Zeit, ohne der Freiheit einen Millimeter näher zu kommen.

Der Himmel über diesen Menschen scheint mit Eisentüren verschlossen zu sein.

Die gelegentlichen Stoßgebete zum himmlischen Vater verstummen meist in der Hoffnungslosigkeit, weil diese Menschen der satanischen Lüge glauben, daß der göttliche Vater für ihre finanziellen Nöte kein Verständnis habe und im Grunde für ihre Sorgen auch nicht zuständig sei.

Du kannst Menschen, die in diesem Teufelskreis gefangen sind, nicht an der Größe ihrer Autos oder ihrer Häuser und Wohnungen erkennen. Du erkennst sie an einer ständigen inneren Rastlosigkeit und einem gewissen trostlosen Ausdruck in den Augen, verbunden mit einer hölzernen, zur Schau getragenen „Ich werde es schon schaffen“ - Gesichtsmaske.

Es gibt viele davon in Deiner unmittelbaren Nähe, möglicherweise bist Du selbst betroffen.

Wenn ja, so kannst Du das Gebäude Deines Lebens getrost auf Gott bauen. Er will Dir auch Deine finanziellen Nöte abnehmen und Dir ein Leben in Fülle geben. Deine Schulden vor Gott sind längst durch die Erlösungstat seines Sohnes bezahlt. Vor ca. 2000 Jahren schon hat er Deine Last freiwillig auf sich genommen.

Du brauchst nicht weiter „mühselig und beladen“ zu sein. Der Geist des Lebens, der aus Gott ist, wird die Macht des Schuldengeistes in Deinem Leben brechen und den frischen Wind des wahren Erfolgs in Dein Leben hineinströmen lassen. Der Mangelgeist wird flüchten und Du wirst ein „freudiger Geber“ sein können, anstatt ein „trauriger Ausgenommener.“

> „Du sollst des Herrn Deines Gottes gedenken, denn er ist es, der Dir (Du bist gemeint) die Kraft gibt, solchen Reichtum zu erwerben.“
>
> 5. Buch Mose

Mit dem Geschäft am Ende?

Was tun, wenn der Pleitegeier kreist und keine Rettung in Sicht ist? Oder wenn die Schuldenlast so drückt, daß die Lage ausweglos erscheint? Wenn die Gläubiger Geld fordern und Du keines hast?

Sind es immer nur Menschen, die verschwenderisch gelebt haben oder nicht arbeiten wollen, die von einem solchen Schlag des Schicksals bedroht sind? Sicher nicht, meist handelt es sich sogar um Menschen, die ausgesprochen fleißig sind, jedoch in ungünstigen wirtschaftlichen Berufszweigen arbeiten und sich verschulden, um ihr Geschäft wieder hochzubringen - bis ihnen die Luft ausgeht.

Gnadenlos fordert dann der Gläubiger seine Rechte ein und der wirtschaftliche Zusammenbruch nimmt seinen Lauf.

Auch für diesen Fall hält Gott für Dich einen Rettungsanker bereit.
Aus der Bibel erfahren wir von der wundersamen Schuldenbefreiung einer Witwe, die in einer solchen Zwangslage war.

Sie hatte die Arbeitskraft ihrer Söhne als Sicherheit an den Gläubiger verpfändet. Jetzt war ihr Mann gestorben und sie konnte die Gläubiger nicht mehr befriedigen. Ihren Söhnen drohte die Sklaverei.
Der Gottesmann gab ihr den Rat, das wertvollste, das sie noch besaß, eine Karaffe mit kostbarem Öl, aus ihrem

Versteck zu holen und es unter den Nachbarn zu verteilen. Sie folgte seinem Rat und das Wunder geschah.
Die Nachbarn wiegten jeden Tropfen des kostbaren Öls in Gold auf. So konnte die Witwe nicht nur ihre Söhne auslösen und ihre Schulden bezahlen. Sie hatte auch noch genug Gold übrig, um bis zu ihrem Lebensende davon zu zehren.

Ein schönes Märchen?

Du mußt wissen, daß alle Geschichten der Bibel für Dich geschrieben sind und immer aktuellen Bezug zu heutigen Lebenssituationen haben.

Laß uns diese Geschichte einmal näher betrachten.

Heute verpfändet man nicht mehr die Arbeitskraft seiner Söhne, man nennt dies heute einfach Bürgschaft. Der Bürge geht in der Regel in die Sklaverei des Gläubigers, wenn der Schuldner nicht mehr zahlen kann.

Eine Verdienstquelle fällt aus - im Falle der Witwe war es das Einkommen ihres Mannes - und die Raten können nicht mehr bezahlt werden.
Nun kommt von Gott der Rat, an die versteckten Schätze zu gehen. Wer hat aber schon in einem solchen Falle einen so wunderbaren Schatz im Keller? Denn dann wäre ja sowieso alles Paletti!

Nun, da die Bibel das Vermächtnis Gottes für alle Menschen ist, so hat sicher nicht nur unsere Witwe einen Schatz im Keller - alle Menschen haben demnach einen.

Der Schatz ist das göttliche Talent in einem jeden Menschen. Die meisten haben ihn lediglich noch nicht entdeckt.

Eine andere Bibelstelle erzählt von dem Grundstückskäufer, welcher sich redlich abmühte, aus seinem Grund ein fruchtbares Kornfeld zu machen, nichts aber wollte so recht gedeihen.
Nach einer gewissen Zeit verkaufte der enttäuschte Mann das Feld wieder, gegen einen niedrigeren Preis als er es erworben hatte.

Der neue Käufer aber hörte auf die innere Stimme Gottes und grub das Feld so lange um, bis er darunter einen versteckten Schatz entdeckte. Der Schatz machte ihn reich und frei. Auch diese Geschichte ist für Dich geschrieben.

Du hast ein Leben bekommen - den Acker, den es zu bestellen gilt - und strampelst Dich ganz schön ab. Statt in der Tiefe des Lebens zu suchen und Deinen persönlichen Schatz zu heben, werfen die meisten Menschen entmutigt das Handtuch und geben auf.

Der Schatz - Dein persönliches Talent - das ist Deine versteckte Fähigkeit, etwas zum Glück anderer Menschen beizutragen. Möglicherweise kannst Du Bücher schreiben, Seminare geben, Erfindungen machen oder künstlerisch tätig werden. Eine ganz persönliche Kostbarkeit hat Gott in Dein Leben verborgen hineingelegt. Du kannst diesen Schatz heben und frei werden von den Zwängen des Lebens.

Spätestens wenn der Gläubiger vor der Türe steht, solltest Du Dich darauf besinnen, was Gott Dir gegeben hat. Bring es unter die Leute und Du wirst nicht nur den Gläubiger befriedigen können, sondern noch genug für Dein restliches Leben haben.

Mach Dir in einer solchen Situation bewußt, daß das Leben weit mehr ist, als alles Gut und Geld der Welt zusammen:

> „Es ist ein göttliches Geschenk und beinhaltet die Fähigkeit zu lieben - zu atmen - zu denken - zu fühlen - zu lernen - zum Glück anderer beizutragen - in den Himmel hineinzuwachsen und eins zu werden mit Gott."

Kann ein Gläubiger oder die ganze Welt Dir diese wundervollen Möglichkeiten streitig machen? Nur wenn Du es der Welt erlaubst, kann sie Dich verschlingen.
Wirf Dein Leben nicht weg - erhebe Dein Herz zu Gott, und die Schatten der Welt müssen weichen.

Dein g ö t t l i c h e s Erbe wartet darauf, daß Du es antrittst.

Hebe Deinen göttlichen Schatz und Du wirst f r e i werden.

Gebetsmeditation zur Befreiung vom Zwang der Schulden

Versenke Dich in Deine Mitte, leg Deine Hand auf Dein Herz. Fühle die Wärme Deines Pulsschlags. Hör in die Tiefe Deines Seins hinein.

Beginne Dein Gespräch mit Gott:

> Mein gütiger Vater, der ich Dich in Jesus Christus erkenne.
>
> Dein Geschenk an mich ist freies und unbegrenztes Sein, ich will diese Gabe annehmen.
>
> Befreie mich von dem Geist der Schulden - zeige mir mein göttliches Talent und den Weg, wie ich es leben kann.
>
> Ich will von nun an
> Deine Liebe,
> Deine Weisheit
> und Deine Kraft
>
> durch mein Leben ausdrücken und die Wege gehen, die mich in Deine göttliche Freiheit führen.
>
> Amen

Lausche 50 Atemzüge nach innen. Die Antwort kann durch Visionen, Gedanken oder eine lichte innere Stimme erfolgen.

Wiederhole die Meditation so oft, bis die freudige Gewißheit Deiner Befreiung eintritt.

Eine seelische Krankheitsursache, die Geldmangel hervorruft

Bei meinem letzten Vortrag zum Thema dieses Buches mußten die Eingangstüren zum Pressesaal wegen Überfüllung geschlossen werden. Im Saal saßen, standen und hockten (auf dem Fußboden) weit mehr als doppelt soviel Menschen, als der Raum selbst offiziell aufnehmen konnte.

Einige hatten sicher einen ganz anderen Vortrag erwartet, nach dem Muster:

> „Denk positiv und Du gewinnst im Lotto!"

oder

> „Visualisiere Dir täglich einen Koffer voller Tausendmarkscheine und bald wird er vor Deiner Türe stehen."

Viele waren überrascht, daß ich bei diesem Thema von der grenzenlosen göttlichen Liebe und der Bergpredigt Jesu sprach, die auch zum Thema Wohlstand sehr präzise Lebensregeln aufstellt.

Nach dem Vortrag erreichten mich viele Briefe. In einem davon teilte mir eine Frau mit, daß sie sämtliche Lektüre über positives Denken gelesen habe und doch immer noch unter akutem Geldmangel leide. Ihre Gedanken endeten zwanghaft in der Feststellung: „Es ist nie genug Geld da".

Und dieser Gedanke bestätige sich auch immer wieder in ihren tatsächlichen Geldverhältnissen.
Obwohl sie wisse, daß diese dominanten Gedanken den Mangel hervorrufen würden, könne sie diese aber nicht ändern. Nun frage sie an, ob es einen Trick gäbe, dies zu ändern. Auf eines meiner Seminare können sie aber nicht kommen, da sie hierfür kein Geld habe.
Im weiteren Verlauf der Korrespondenz wurde offensichtlich, daß die Frau unter einer seelischen Besetzung durch ihren verstorbenen Vater litt, der ihr bereits als Kind immer eingehämmert hatte: „Es ist kein Geld dafür da“. Nach seinem leiblichen Tode war er als erdgebundene Seele in der niedrigsten Astralebene verblieben und hatte schließlich in der Aura seiner Tochter eine Besetzung vorgenommen. Solche Besetzungen durch verstorbene Familienangehörige führen immer zu einer Vermengung der Seelensubstanzen und zu einer multiplen Persölichkeit.
Die negative Geldmentalität des Vaters wurde Teil ihrer Persönlichkeit und die Gedankenenergien, die sie dadurch aussandte, ließen fortwährend Ihre Geldströme versiegen.

Die Krankheitsursache „ens spiritualis“ (Besetzung durch Verstorbene) war der Auslöser für den ständigen Geldmangel dieser Frau.

Der göttliche Plan für unser Seelenwachstum will, daß wir die Lektion des Loslassens erlernen.

Deshalb geschehen die meisten Todesfälle um Menschen herum, die noch nicht gelernt haben, loszulassen.

Man hält dann auch die aus dem Körper gegangene Seele fest und läßt sie nicht weitergehen.

Eine solche seelische Besetzung ist eine schwere Blockade für den eigenen Geldfluß und muß aufgelöst werden, damit das reine Wasser des Lebens wieder durch die Seelenlandschaft fließen kann.

Mehr über diese seelische Krankheitsursache, die bereits im Spätmittelalter von dem genialen Arzt Paracelsus entdeckt wurde, erfährst Du im Buch des gleichen Verfassers „Heilung durch die Macht der Liebe“.

Selbstverständlich können solche seelische Besetzungen auf geistigem Wege geheilt werden. Die Schulmedizin und die Schulpsychologie bieten allerdings hierfür keine therapeutischen Mittel an, da sie den Einfluß des Geistes auf die Psyche des Menschen bis heute leugnen und deshalb mit diesem Phänomen auch nicht umgehen können.

Nach göttlichem Plan soll das Haus Deines Lebens rein und ein Tempel Gottes bleiben. So wie Jesus den Tempel zu Jerusalem gereinigt hat, so sollst auch Du das Heiligtum Deines Lebens freihalten von Fremdeinflüssen und Besetzungen.

Was tun, wenn Krankheit dich am Geldverdienen hindert?

Ich selbst war vor vielen Jahren in eine scheinbar unheilbare Krankheit abgestürzt und befand mich in der fatalen Lage, meiner selbständigen Tätigkeit weiter nachgehen zu müssen, um Geld zu verdienen. Dies gelang beim besten Willen nicht, ein sozialer Absturz drohte und war auch schon greifbar nahe.

Nun könnte man fragen, warum geht man da nicht einfach zum Arzt und läßt sich einer entsprechenden Therapie, Operation oder Kur unterziehen und schon läuft der Laden wieder.

Die Frage beantwortet sich von selbst, wenn man weiß, daß unsere heutige Schulmedizin gegenüber einem Großteil der Krankheiten so ahnungs- und hilflos ist wie ein neugeborenes Kind. In einem noch weitaus größeren bzw. überwiegenderen Bereich kann man allenfalls auf Linderung und Besserung therapieren und ein erheblicher Teil der Erkrankung gilt einfach als unheilbar. Der Begriff Heilung ist in der Schulmedizin etwas sehr fragwürdiges. Dies kommt wohl daher, daß jeder Schulmediziner fühlt, daß er selbst ohnehin nichts heilen kann, es ist ja immer Gott, der heilt. Da aber Gott in der Wissenschaft der Schulmedizin nicht existiert, kann die Heilung, die immer nur von ihm ausgehen und vollzogen werden kann, ja auch nur etwas sehr zweifelhaftes sein.

So wirst Du ziemlich dumm aussehen, wenn Du mit einer Krankheit behaftet bist, bei der die Schulmedizin den Kopf schüttelt, denn die Mehrzahl der Krankheiten fällt unter diese Kategorie.

Ich selbst faßte damals den verzweifelten Entschluß, mich an den zu wenden, von dem alles körperliche, seelische und geistige Heil ausgeht. Ich fand damals meinen Weg zu Gott in Jesus Christus zurück und kann heute bezeugen, daß ich selbst nicht nur völlig geheilt bin an Seele und Leib, sondern auch noch das Glück habe, andere Menschen auf diesen Heilsweg führen zu dürfen.

Viele solcher göttlichen Heilungen an anderen habe ich schon erleben dürfen. Die Beispiele dafür, daß Gott auch heute noch wie damals und auch in Zukunft durch Jesus Christus heilt, reißen in meinem Leben nicht ab.

Nun hört man so oft: „Gott hat mir diese Krankheit geschickt, deshalb muß ich sie erdulden lernen".

Wer diese Lüge in die Welt gesetzt hat, schmort im tiefsten Bewußtseinsdunkel, in welches ein menschlicher Geist je geraten kann.

Spätestens seit Jesus Christus wissen wir, daß Gott die Liebe ist.

Wenn er aber reinste Liebe ist, wie könnte er dann seinen Kindern Leiden schicken?

Und wenn die Krankheit gottgewollt wäre, weshalb hat dann Jesus Christus alle Heilungsbitten erhört und die Kranken geheilt?

Vergiß diese bare Verleumdung Gottes ganz schnell!

Die Krankheit ist nicht durch Gott in die Welt gekommen, sondern durch die Abkehr des menschlichen Willens vom göttlichen Liebesgesetz. Gott hat sie zugelassen, da er niemals in den freien Willen seiner Kinder eingreift. Würde er dies tun, wären die Menschenkinder gerichtete Wesen und keine freien Gotteskinder.

Die Krankheit wird Gott liebend gerne von Dir nehmen, wenn es Deinem Seelenheile dienlich ist. Viele Menschen brauchen ihre Krankheit noch, um seelisch daran zu wachsen oder durch sie vor noch schlimmeren seelischen Abstürzen bewahrt zu werden.

Wenn Du Deine Krankheit nicht mehr brauchst und heil werden willst, so lerne aus ihr die Gesetze des Lebens, welche die Gesetze der Gottes- und Nächstenliebe sind.

Mach Dir bewußt, daß alle Weisheit der Welt ein Nichts ist gegenüber der unendlichen göttlichen Weisheit. Gott ist der Schöpfer Deines Körpers und Deiner Seele. Er wird Dich durch die lebendige Christuskraft heilen, sobald Du ihm Dein verdunkeltes Herz öffnest und Deine eigenwilligen Verirrungen erkennst.

Deine Krankheit kannst Du ihm jetzt getrost zu Füßen legen, er will sie Dir abnehmen, da Du sie nicht mehr brauchst.

Eine meiner Schülerinnen war mit einer sogenannten unheilbaren Krankheit geschlagen. Als ihr die Ärzte eines Tages erklärten, daß sie wohl jetzt einen Behinderten- und Erwerbsunfähigkeitsausweis benötige, erklärte sie, sie wolle hierauf verzichten, denn sie habe sich jetzt Gott anvertraut, der sie heilen wird.
Heute ist sie vollständig geheilt und geht einer regelmässigen Tätigkeit nach. Daneben hält sie Vorträge über das Wunder der Göttlichen Heilung und übt auch tätige Lebensbewältigungshilfe aus. Von den Ärzten wurde sie kürzlich zu einem Test geladen, da diese nicht so richtig an ihre Heilung glauben können.

Als ich sie fragte, ob sich dabei irgend ein Problem ergeben habe, antwortete sie fröhlich:

> „Sie haben mich an eine ganze Menge Detektoren angeschlossen, um ein Problem zu finden. Das Problem war, daß sie kein Problem gefunden haben. Nun haben sie das Problem, daß sie das alles nicht verstehen!“

Wenn Du also von Krankheit geschlagen bist und Deiner Arbeit oder Deinen Geschäften nicht mehr nachgehen kannst, dann denke daran, daß Dich niemand außer Gott wirklich heilen kann.

Gott läßt Deinen Körper wachsen und erhält ihn auch. Niemand ist dazu in der Lage, außer ihm. Die Wissenschaft hat keinen blassen Schimmer, was Leben, Wachstum und Heilung wirklich bedeuten.

Krankheit ist Abweichung vom göttlichen Muster.

Weiche nicht mehr ab vom göttlichen Liebesmuster, werde im Herzen eins mit der allumfassenden Liebe Deines göttlichen Vaters. Dann bist Du bereits geheilt. Gott wartet auf D i c h.

> „Es gibt keine unheilbaren Krankheiten, denn
> Gott kann alle Krankheiten heilen."

Paracelsus

Gebetsmeditation um göttliche Heilung

Versenke Dich in Deine Mitte, beruhige Deinen Atem. Leg Deine Hand aufs Herz und lausche in die Tiefe Deines Seins hinein.

Meditiere jetzt mindestens 50 Atemzüge lang über die Botschaft, die in Deiner Krankheit liegt.

Triff jetzt die Entscheidung, Deinem Leben eine neue Richtung zu geben und Dich von allen Kränkungen, die andere oder Du selbst Dir zugefügt haben, zu trennen.

Sprich zum Göttlichen Vater in Deinem Herzen:

> Gütiger, geliebter Vater, in Dir gibt es keine Krankheit, denn Du bist die Gesundheit.
>
> Ich bitte Dich in Jesus Christus Namen, laß Deine strahlende Gegenwart leuchten in allen Zellen meines Körpers, in jedem Molekül, in jedem Atom.
>
> Heile Du auch die Schwingungen meines Blutes und segne alle Seelen meines Familienstammbaums, deren Namen Du alle kennst. Segne alle, die mit mir verbunden sind und führe sie in Deinen Frieden.
>
> Die Macht der Dunkelheit ist gebrochen, denn ich weiß, daß vor Deiner ewigen Liebe alle

Krankheit weichen und alle Last hinwegschmelzen muß, wie das Eis vor der Sonne.

Ich danke Dir für Deine Gegenwart, Deine Hilfe und Deine Heilung in Jesus Christus heiligem Namen.

Amen

Wiederhole diese Meditation sooft und so lange, bis Du völlige Heilung verspürst.

Versicherung oder Fair-sicherung?

Eine ganz sichere Methode, sich vom göttlichen Wohlstand abzuschneiden, ist die Übersicherung durch allerlei Versicherungen.

Eine Klientin klagte mir ihr finanzielles Leid. Es bestand darin, daß ihr Mann ganz gut verdiente, das gemeinsame Bankkonto aber ständig überzogen war. Die Familie lebte keineswegs über ihre Verhältnisse, konnte sich aber in diesem Jahr nicht einmal den gewohnten Jahresurlaub leisten. Sie vermutete bereits, daß ihr Mann zu viele Versicherungen abgeschlossen hatte.

Tatsächlich lag sie mit ihrer Vermutung richtig. Ein gemeinsames Beratungsgespräch ergab, daß die Familie einen Wust von sich überschneidenden Versicherungen zu bezahlen hatte. Die ständig fälligen Prämienzahlungen engten die Mittel so ein, daß immer zu wenig zum Leben übrig war.

Eine ganz kuriose Lebensversicherung war dabei, deren Auszahlung erst in das sechsundachzigste Lebensjahr des Mannes gefallen wäre. Einem Zeitpunkt also, da er so gut wie keinen Genuß mehr von dem angesparten Kapital gehabt hätte, so er dann überhaupt noch am Leben gewesen wäre. Ein Versicherungsvertreter hatte ihm diese „Unfair-Sicherung“ mit dem Argument einer verbesserten Altersvorsorge aufgeschwatzt.

Mach Dir bewußt, daß gerade in Deutschland die wesentlichen Lebensrisiken (Auto, Krankheit, Brand, Altersvorsorge und Arbeitslosigkeit) bereits vom Gesetz durch gegebene Mußverordnung abgesichert sind. Darüber hinaus gibt es wenige Risiken, deren Absicherung für den Normalbürger ökonomisch vernünftig erscheinen.

Das Leben selbst und jede Form von Wachstum ist einerseits Risiko und andererseits Sicherheit.

Gott hat Dir die Wachstumschance dieses Lebens gegeben, damit Du Dich auf die Höhe Deines Seins erhebst und die Herrschaft über die Schicksalskräfte erringst.

Die Werbeslogans der Versicherungsgesellschaften, die so ähnlich klingen wie:

> „Mit uns stets gut versorgt“,

sind meist nicht nur sehr dümmlich. Sie wollen Dir auch weismachen, daß Du die wunderbaren Herausforderungen Deines Lebens getrost der „liebevollen Fürsorge“ einer Kapitalgesellschaft überlassen kannst. Du darfst Dich dabei auf einem bequemen Ruhekissen vom rauhen Leben ausruhen.

Wenn Du so gutgläubig bist und solchen Angeboten folgst, kann es Dir so ergehen, wie jenem entrüsteten Beschwerdebriefschreiber, dessen Fax kürzlich als Irrläufer in meinem Büro landete.

Fax an
Pefferminzia Vorsorgegesesellschaft AG
Geschäftsstelle Hintertupfing
Herrn Sachbearbeiter Häbig

Ihr Regulierungsangebot von DM 100,-- für Zahnersatz

Sehr geehrter Herr Häbig,

ich habe wohl nicht richtig gelesen, Sie wollen mich mit DM 100,-- abspeisen, meine Zahnbehandlung hat aber DM 7.860,-- gekostet.
Ich habe seinerzeit diese Zusatzversicherung bei Ihnen abgeschlossen, weil Ihr Vertreter, Herr Rührig, mir eine bessere Absicherung bei Zahnbehandlungen versprochen hat. Sie berufen sich jetzt auf § 48a ihrer Geschäftsbedingungen. Diese hat mir Ihr Vertreter aber nicht erklärt.

Ich bitte um Stellungnahme.

Hochachtungsvoll

Peter Gelackmeiert

Anmerkung: Inhalt identisch, Namen geändert.

Wenn Du alle Deine Risiken absichern willst, so bist Du rasch „unfairsichert“ und hast kein gutes Leben mehr, weil Dir die Mittel fehlen.

Gott ist Deine beste „Fair-Sicherung“. Die Prämien für seine Absicherung sind kostenfrei, es sind die Gaben

Glaube
Vertrauen
Mut
Zuversicht
und **Liebe.**

Der grosse Negativ-magnet

Hast Du schon einmal beobachtet, wie verstreute Metallspäne sich auf einen Magneten ausrichten, um sich danach ganz von diesem anziehen und festhalten zu lassen.

Bei meiner Lebensberatertätigkeit höre ich immer wieder stereotyp die Menschen darüber klagen, daß ihr Girokonto niemals aus den „Miesen“ herauskommt, egal wie sie sich bemühen. Sie arbeiten und strampeln, wie der Hamster im Laufrad und verlieren dabei ihre Kraft und Lebensfreude.

Das Phänomen ist leicht zu erklären, ihr Geld ist in den Sog des großen Bankmagneten geraten und wird von diesem festgehalten und aufgesogen.

Wie jede Energie reagiert auch das Geld auf Magnetismus. Magnetfelder können positiv (aufbauend) und negativ (abbauend) wirken, je nach Affinität der Energie.

Jetzt denke einmal tief nach. Der Geldmagnet Bank strahlt positiven wie negativen Magnetismus ab. Wenn also Dein bescheidener Geldstrom in das Magnetfeld der Bank gerät, vermehrt sich Dein Geld auf der positiven Seite und vermindert sich auf der negativen Seite.

Bist Du einmal auf der negativen Seite gelandet, so zieht Dich das schwere Magnetfeld der Bank-Negativseite immer tiefer in seinen Sog hinein. Du zahlst ab sofort Strafzinsen in einer Höhe, die Dein Kapital innerhalb von 10 Jahren auffressen.

Gegen diesen Sog läufst Du in der Regel vergeblich an. Auch Dein Denken und Fühlen im Hinblick auf Deine Finanzen verändert sich ins Negative, die Angst beginnt, sich zu melden. Du triffst falsche Geldentscheidungen, indem Du unbewußt auf den negativen Sog in Deinem Geldstrom reagierst und verstärkst das Ganze dadurch immer weiter. Du verschließt die Augen vor der unangenehmen Wirklichkeit und läßt „den Karren weiter in den Dreck" laufen.

So werden die kleinen Metallspäne vom großen Magneten angezogen wie eine Motte vom Licht.

Jetzt befindest Du Dich in der festen und unerbittlichen Hand des großen Geldmagneten und kannst Dich nicht mehr bewegen. Schluß mit der materiellen Freiheit, die Dein Geld Dir geben soll. Ab sofort kannst Du dann nur noch mit dem Wohlwollen der Bank über Dein sauer verdientes Geld verfügen.

Ob den Banken die Auswirkung ihrer anfänglich immer gerne zur Verfügung gestellten Dispo-Kredite bewußt ist oder nicht - es funktioniert so.

Die Banken vergeben ihre Kredite nach dem Prinzip eines Regenschirmverleihers, der seine Regenschirme immer dann zurückfordert, wenn es zu regnen beginnt. So kann es sein, daß Du durch diesen negativen Geldmagnetismus eines Tages ganz schön im Regen stehst.

Wenn Du Dich durch dieses Kapitel angesprochen fühlst, dann befolge die nachfolgenden Ratschläge und Dein Geldstrom wird ab sofort wieder positiv gepolt sein.

Es ist übrigens gleichgültig, in welcher Größenordnung sich die Dispositionskredite bewegen - diese Gesetzmäßigkeit gilt für Arbeiter, Angestellte und Unternehmer gleichwohl.

Friere ab sofort Deinen Dispo so ein, daß diesem kein neu verdientes Geld mehr zufließt. Weise Deine Lohnbuchhaltung an, Deine Bezüge ab sofort auf ein neues Konto - bei der gleichen Bank oder bei einer anderen - zu überweisen. Oder ändere die Bankverbindung auf Deinem Briefpapier und Deinem Rechnungsbogen.

Führe ab sofort das neue Konto nur noch auf Guthabenbasis und bleibe eisern bei diesem Grundsatz. Richte vom neuen Konto eine Dauerratenzahlung zugunsten des Girokredits ein.

Du kannst die Maßnahme nach vorheriger Absprache mit Deiner Bank treffen, es geht aber auch ohne sie.

Du hast jetzt zwei Fliegen mit einer Klappe geschlagen. Erstens verfügst Du jetzt über ein laufendes Konto, welches immer im Guthaben ist. Die Bank ist hinsichtlich dieses Kontos Dein Schuldner. Zweitens, Dein sonst ständig steigender Sollsaldo nimmt kontrolliert ab, was die Bank mit Wohlwollen beobachten wird.

Außerdem hast Du einen klareren Überblick über Deine wirklichen finanziellen Möglichkeiten, dies läßt Dich bessere Geldentscheidungen treffen.

Du gewinnst auch ab sofort die volle Freiheit über Dein verdientes Geld zurück, welches immer durch ein Guthabenkonto fließt und dadurch den Magnetismus der Zunahme in sich aufnimmt.

Wenn Du jetzt noch einen Göttlichen Sog in Deinen Geldfluß mit einbauen willst, so führe von dem neuen Konto regelmäßig einen kleinen Betrag für einen wohltätigen Zweck ab. Dies verstärkt Dein positives Lebensgefühl und das Universum wird sich bedanken durch eine Anhäufung von Geschenken in Form von günstigen Situationen und Verdienstmöglichkeiten.

Jetzt ist aus einem in der Hand der Banken befindlichen Geldstrom ein klares göttliches Wasser geworden.

Dein Lebensgefühl wird positiv zunehmen und unerwartete kreative Einfälle werden sich in Deinem Leben realisieren wollen.

So heilt Gott Deine Finanzen. Er ist der größte und liebevollste Bankier des Universums, Dein Wohl liegt ihm am Herzen.

Laß Dich nicht durch andere weltliche Ratschläge von dieser Maßnahme abbringen. Die Welt der Banken und ihre Diener sind Angestellte des Profits, der zu Deinen Lasten geht.

Gebt dem Kaiser, was des Kaisers - und Gott, was Gottes ist

Wer in einem Staatswesen lebt und sich innerhalb dieses Systems über heile Finanzen freuen will, kann unmöglich diesen Staat (den Kaiser) um seine Abgaben betrügen.

„Clevere“ Geschäftsleute, welche ihre Steuererklärungen manipulieren, schlafen selten ruhig. Ihre Gesundheit ist meist angeschlagen und eine permanente Angst vor der Steuerprüfung oder -fahndung hindert sie daran, sich an dem am Finanzamt vorbeigeschmuggelten Geld zu freuen. “Schwarzes Geld“ ist auch oft nur schwer an den Mann zu bringen und die Furcht vor der Aufdeckung der Machenschaften blockiert den Fluß göttlicher Energien im Geldstrom.

Oft magst Du Dich schon geärgert haben über die Höhe Deiner Abgaben. Wenn Du es positiv siehst, so mußt Du einräumen, daß derjenige viel Steuern zahlt, der ein hohes Einkommen hat, welches er ohne den Staat so nicht hätte.

Steuerhinterziehung oder ungerechtfertigte Kürzung wird Deine Finanzen also nicht heilen, sondern kränken.

Abgabenminimierung in legalem Rahmen ist aber sicher im göttlichen Sinne, denn Du sollst „dem Kaiser“ ja nur das geben, was wirklich dem Kaiser gehört. Wäre dies anders, so hätte Christus gelehrt „gebt dem Kaiser mehr, als ihm zusteht“.

Nun wirst Du Dich möglicherweise nicht mit allen steuerlichen Möglichkeiten auskennen, um wirklich alle Vergünstigungen für Deine spezielle Steuererklärung ausschöpfen zu können.

Bei den unselbständigen Steuerzahlern ist der Handlungsrahmen ohnehin eingeschränkt. Sie können durch hartnäckiges Hinterfragen beim Finanzamt anhand der Erklärungsvordrucke oft wunderbare Rückvergütungen herbeizaubern, wenn sie eine positive Einstellung gegenüber dem Finanzamt (dem Kaiser) beibehalten. Auch Finanzbeamte sind Menschen, die auf Liebe (positive Akzeptanz) reagieren. Die Einschaltung eines Steuerberaters rentiert und empfiehlt sich in der Regel bei unselbständigen Steuerzahlern nicht.

Der Selbständige ist in der heutigen Wirtschaftspraxis meist Mandant eines Steuerberaters. Gerade kleine und mittlere Existenzen und Betriebe sind meist sehr stark auf die Dienste eines Steuerberatungsbüros angewiesen. Besonders deshalb, weil die Inhaber oft wenig oder gar keine Ahnung von einer ordentlichen Buchhaltung haben. In einem solchen Falle wären diese Geschäftsleute gut beraten, wenn sie ihren Betrieb gleich aufgäben, denn ein selbstständiger Kaufmann , der keinen blassen Schimmer von Buchhaltung hat, ist meist nicht sehr lange Geschäftsmann.
Allein die Tatsache, daß er die ordnende Hand des Steuerbüros braucht, macht ihn abhängig und schränkt seine Handlungsfähigkeit ein. In einem solchen Falle könnte er auch seine Buchhaltung gleich in die Hände des Finanzamts geben, da jeder Steuerberater einen Treueid auf den

Finanzminister geleistet hat. Dies bedeutet im Ergebnis, er ist der verlängerte Arm des „Kaisers“. Wenn er aber dem Kaiser dient, so hat er wenig Interesse, für seinen Mandanten die legal niedrigste Abgabe zu ermitteln, er will ja seinem obersten Dienstherrn in erster Linie dienen.

Wichtig für jeden selbständigen Steuerzahler ist es daher, daß der ständige Überblick über die Buchhaltung und die Geschäftslage nicht außer Haus beim „Kaiser“, sondern im eigenen Bereich verbleibt. Die Einstellung:

> „Mein Steuerberater wird für mich schon das Beste herausholen“,

entspricht meist nur bequemem Wunschdenken.

Falls Du Dich durch diese Zeilen angesprochen fühlst, so sollst Du nicht glauben, daß dies ein Affront gegen die Arbeit der Steuerberater ist. Du sollst nur wissen, daß sie dem „Kaiser“ dienen.

Wenn Du Dich redlich um Ehrlichkeit in Deinen Steuererklärungen bemühst, so kommst Du meist ohne den Steuerberater aus, der sich seine Arbeit ja im allgemeinen auch gut honorieren läßt. Du bekommst auch ein besseres Gefühl für Deine Finanzen, wenn diese nicht außer Haus abgehandelt werden.

Wichtig für jeden Steuerzahler ist seine Einstellung zu den Steuern. Zahlt er murrend, ärgerlich und verdrossen seine Abgaben, so vermiest er sich selbst sein Einkommen und sein Geschäft. Seine negative Einstellung den Steuern gegenüber aber verdirbt seine Geschäftmoral und so bringt er sich durch das Affinitätsgesetz um günstige Geschäftsgelegenheiten. Der Angestellte, der ständig mürrisch über seine Steuerlasten nachdenkt, kann sich nicht mehr an seinem Einkommen und seiner Arbeit freuen. Seine Leistungsfähigkeit stürzt ab und er wird „jobverdrossen".

Erinnere Dich, wer gerne und prompt zahlt, bei dem fließt auch ständig ein munterer Geldstrom herein.

Die göttliche Kreativität in Dir will nicht durch nutzlosen Groll über gerechte Abgaben behindert werden.

Also gib dem Kaiser, was des Kaisers, gib bereitwillig und freudig, dann bist Du Dir Deines eigenen Stellenwertes in der Gesellschaft, in der Du lebst, bewußt.

Vergiß aber nicht, Gott zu geben, was Gottes ist.

Gib Gott die Liebe Deines Herzens, dann wirst Du von allen Sorgen der Welt für immer frei sein. Und er wird Dir antworten:

> „Wahrlich, es ist getreu und gewiß, was ich Dir ins Herz geschrieben."
>
> „Wer mich aller Welt vorzieht, mich liebt wie eine zarte Braut ihren Bräutigam, mit dem will ich wandeln Arm in Arm."

„Er wird mich allzeit schauen wie ein Bruder den anderen Bruder, wie ich ihn schaute schon von Ewigkeit her, ehe er noch war."

Jesus Christus

Meditation für rechten Geldfluß

Entspann Dich, mach Dich frei von äußeren Ablenkungen und schau nach innen. Atme Dich frei und lausche Deiner inneren Stimme. Sie gibt Dir eine Botschaft aus den Himmeln:

Ein inneres Königreich hat Gott für Dich schon ewig eingerichtet.

Entdecke es und öffne seine goldene Tür mit dem Schlüssel Deines Herzens.

Im Paradiesgarten Deiner Seele blüht das reine Leben. Es gibt dort herrliche Landschaften, Bäume, Pflanzen und Blumen.

Alles wächst zum Himmel durch das reine Licht des Geistes und das lebendige Wasser der Liebe.

Ein plätschernder Bach mit kristallklarem Wasser nährt den Boden Deiner Seele.

Reichlich deckt Gott Deinen Tisch. Seine Güte ist unermeßlich, seine Gaben unbegrenzt.

Werde eins mit dieser Liebe, fürchte nichts.

Durch den Schatz in Deinem Inneren, wirst Du reich sein ewiglich.

Von der richtigen Geldhilfe

Jesus Christus: „Wer von Euch viel Geld hat, der leihe es nicht nur denen, die ihm hohe und wucherische Zinsen und das Kapital zur vereinbarten Zeit zurückzahlen können, sondern auch den Armen, die ihm weder das Kapital noch die Zinsen zurückerstatten können. So wird er sein Geld bei Mir guthaben, und Ich werde ihm schon hier zehnfach und jenseits hundertfach Kapital und Zinsen zurückbezahlen. Wer aber sein Geld nur allein denen leiht, die ihm zur rechten Zeit alles zurückbezahlen können oder in gewissen Fällen durch gerichtlichen Zwang zurückzahlen müssen, der hat seinen Lohn schon hier ganz genommen und hat von Mir keinen mehr zu erwarten; denn er hat dadurch nicht Mir, sondern nur der Welt und sich selbst gedient."

Ihr werdet zwar sagen: „So man jemand, der in Not ist, auch ein Geld auf Zinsen leiht, so ist das ja auch eine Wohltat; denn dem Darlehensnehmer ist dadurch geholfen, er ist ein reicher Mann geworden und kann dann ja ganz leicht Kapital und Zinsen zurückerstatten! Der Darlehensgeber hat ja doch auch wagen müssen, sein Geld im ungünstigen Spekulationsfalle zu verlieren. Da es aber dem Darlehensnehmer genützt hat, so kann es doch vor Gott nichts verkehrtes sein, wenn er, der Geldnehmer, dem Geldgeber das Kapital samt den Zinsen zurückbezahlt. Denn der Verleiher ist zum einen ja auch ein Mensch, gegen den ein anderer dieselben Verpflichtungen hat wie er zu ihm, und zum andern kann das verliehene Geld ja seine ganze Habseligkeit sein, von der er leben muß.

Ließe er sich das Darlehen und die Zinsen nicht zurückerstatten, wovon sollte er dann leben? Oder wäre es recht, wenn der Darlehensnehmer das geliehene Geld behalten wollte, obwohl er damit sehr viel gewonnen hat und wohl weiß, daß dies die einzige Habseligkeit des gefälligen Verleihers ist?!"

Jesus Christus: „Jeder, der Geld hat, soll es einem Freund nicht vorenthalten, so dieser es benötigt und ihn darum bittet. Wer es ihm verleiht gegen gesetzliche Zinsen, der hat schon ein gutes Werk getan, das auch im Himmel seine Würdigung findet. Es ist aber ebenso die Pflicht des Darlehensnehmers, dem Geldgeber gewissenhaft alles zurückzubezahlen, ja sogar noch mehr. Wenn er viel gewonnen hat, so soll er aus freiem Herzen seinen Gewinn mit dem Darlehensgeber teilen, da er es ihm ja ermöglicht hat. Doch dieser soll es wiederum nicht verlangen, daß er mit ihm teile; alles könnt ihr in aller Freundlichkeit tun!

Wenn aber zu dem , der Geld hat, ein ganz Armer kommt, von dem es nicht zu erwarten ist, daß er eine größere Summe nutzbringend verwenden könnte, da ist von Mir aus kein Mensch verpflichtet, einem solchen Armen das verlangte Darlehen zu geben. Weil er auf diese Weise mutwillig sein Geld weggeworfen hätte, ohne damit wirklich genützt zu haben, und gleichzeitig dem Armen eine Gelegenheit gegeben hätte, durch die er sich zu allerlei Ausschweifungen hinreißen hätte lassen.

Solch ein Werk wäre nicht besonders gut, sondern eher dumm zu nennen - was weder Meiner Liebe und noch weniger Meiner Weisheit angenehm sein könnte.

Ganz etwas anderes wäre es, wenn ein armer Mann käme, von dem ihr wißt, daß er sehr wohl mit Geld umzugehen versteht und er nur durch widrige Umstände arm geworden ist. Wenn er euch bittet, ihm Geld zu leihen, dann solltet ihr es ihm nicht vorenthalten, auch ohne Zinsen und ohne eine sichere Zusage, das geliehene Kapital je wieder zurückzuerhalten! Hat der Mann das Geld gut verwendet, so wird er als euer Bruder schon wissen , was er danach zu tun haben wird; denn er hat dieselben Verpflichtungen gegen euch, wie ihr gegen ihn. Sollte er das Darlehen jedoch nicht mehr zurückerstatten können, so solltet ihr ihm deswegen nicht gram werden oder euer Guthaben bei seinen Nachkommen suchen; denn dies wäre hart und gänzlich gegen meine Ordnung.

Sind aber die Nachkommen, besonders die Kinder und Enkel, zu einem Vermögen gekommen, so werden sie Mir wohlgefällig daran tun, jene Schuld zu tilgen, die ihr armer Vater oder Großvater bei einem Freund gemacht hat. Geschieht dies, dann wird der Freund aber auch wissen, was er mit solch einem Geld aus Liebe zu Mir und zum Nächsten zu tun haben wird. Nun habe Ich euch gesagt, wie ihr euch verhalten sollt; alles was darunter oder darüber ist, wäre entweder dumm oder von Übel, also eine grobe Sünde gegen die wahre Nächstenliebe!“

Großes Evang. Johannes Bd. 4 Kap. 98
Neuoffenbarung durch Jakob Lorber

Die im Inhalt dieses Buches enthaltenen
Christusworte sind den Neuoffenbarungen
GROSSES EVANGELIUM JOHANNES
von Jakob Lorber entnommen.

Dank an
den Lorber Verlag Bietigheim für die
Erlaubnis und die geistige Hilfe, die auf
diesem Wege dem Buch zugute kam.

Weitere Bücher von Wolfgang Kremm

Heilung Deiner Chakren

Um Deinen Körper zu erkennen, mußt Du seinen Schöpfer kennen. Erst dann wird Dir das geniale Baumuster, ebenso wie sein Fahrplan offenbar. Die Kenntnis der wunderbaren Qualitäten Deiner Chakren kann ein Wegweiser für Gesundheit, Wohlstand und Lebensglück sein.

ISBN 3-934033-00-8
107 Seiten, DM 19,80

Heilung durch die Macht der Liebe

Das Licht der Natur lügt nicht, aber die Theoretiker haben es umgedreht wider die Natur. Ist der Mensch verkehrt, so verkehrt er auch das Licht der Natur. Suchet somit zuerst das Reich der Wahrheit, so werdet Ihr mehr tun, als auf Erden je geschehen ist. Zweifelt niemals an Gott, unserem höchsten Arzt.

ISBN 3-934033-01-6
151 Seiten, DM 24,80